讲述文物故事
赓续历史文脉

书架上的博物馆

万年稻种里的上山秘密

刘　斌　主编
蒋乐平
韩泽玉
朱晗欣　著

浙江摄影出版社
全国百佳图书出版单位

编辑统筹：邱建国
责任编辑：鲁嘉颖
责任校对：高余朵
责任印制：陈震宇

图书在版编目（CIP）数据

万年稻种里的上山秘密 / 蒋乐平，韩泽玉，朱晗欣著. -- 杭州：浙江摄影出版社，2025.4. -- （书架上的博物馆 / 刘斌主编）. -- ISBN 978-7-5514-5378-3

Ⅰ．K878-49

中国国家版本馆CIP数据核字第2025HH0425号

SHUJIA SHANG DE BOWUGUAN
书架上的博物馆
WANNIAN DAOZHONG LI DE SHANGSHAN MIMI
万年稻种里的上山秘密

刘斌　主编　蒋乐平　韩泽玉　朱晗欣　著

全国百佳图书出版单位
浙江摄影出版社出版发行

　　地址：杭州市环城北路177号
　　邮编：310005
　　网址：www.photo.zjcb.com
制版：杭州真凯文化艺术有限公司
印刷：浙江海虹彩色印务有限公司
开本：710mm×1000mm　1/16
印张：7.5
字数：94千
2025年4月第1版　2025年4月第1次印刷
ISBN 978-7-5514-5378-3
定价：39.80元

总序

讲述文物故事，赓续历史文脉

1921年，安特生在河南渑池县仰韶村发现了以彩陶为特征的仰韶文化，标志着中国考古学的起步。此前，我们按照《史记》可以把中国的历史上推到距今约4000年的大禹治水，往前是三皇五帝的传说时代，再往前是女娲造人的神话时代。人类到底从何而来，始于何时？中华民族的历史始于何时？三皇五帝的传说可信吗？这种种问题困扰着我们。100多年来，中国四代考古人风餐露宿，用了不多的人力和财力，构建起了神州大地百万年的人类发展史和10000年的中华文化史，以及5000年的国家文明史。

考古学史书中的历史和传说成为博物馆中那些看得见、摸得着的实物。如殷墟甲骨文和商代墓葬的发现，证明了司马迁于殷商覆灭近1000年后在《史记》中记载的商朝是完全真实可信的。这是中国考古学所特有的视角与出发点，它以一种伟大的原动力推动着考古人和史学界去不断地追索。沿着这样的路，我们不仅建立了物质文化层面的夏、商、周，而且往下一直延伸到明、清，往上又追溯到近10000年前的新石器时代以来的各地区的文化谱系，以及100多万年以来中华大地上的人类发展史。

博物馆作为收藏、保护、展示、宣传人类文化和自然遗存的重要场所，沉淀着民族的文化精华。近年来，随着免费开放的进一步扩大及展览内容的精彩升级，博物馆不仅日益融入大众生活，成为热门"打卡地"，也逐渐成为青少年朋友的"第二课堂"，发挥着越来越重要的文化教育作用。

但是由于时空的限制，能亲赴博物馆参观的观众仍在少数；而且由于藏品的唯一性，众多珍贵艺术品分散在不同的收藏机构，普通观众要想遍览这些文化艺术的精华几乎不可能。

浙江摄影出版社推出的"书架上的博物馆"丛书，邀请文博界、收藏界专家撰稿，以通俗平易的语言，讲述博物馆馆藏文物故事和某一专题的相关知识，配以大量精彩图片。这套有图有真相、有趣有"细料"的"纸上博物馆"图书，既可为观众免除亲赴博物馆参观的行脚之苦，又提供专家学者的"导览""解说"，实在是一套善莫大焉的"善"本好书！

博物馆是国民教育体系的重要组成部分。分布在全国各地的博物馆不仅是青少年获取知识、拓宽视野的重要场所，更是培养其爱国主义精神和科学精神的历史课堂。博物馆丰富的资源，对塑造青少年的人文情怀和科学素养，培养创新思维和开放视野，具有无可替代的作用。"书架上的博物馆"丛书以青少年读者为中心，围绕民族复兴的时代主题，扎根中华文化的沃土，追踪最新考古成果，揭示国宝背后的历史故事和文化内涵，彰显中华文化的博大精深和源远流长，将为赓续中华文脉注入固本培元、立心铸魂的思想力量。

刘斌

浙江大学艺术与考古博物馆馆长

序

当你翻开这本书时，或许会有所感慨：一万年，是怎样的时间距离？是历史课本上没有温度的数字，还是科幻电影里不着边际的想象？让我这个与泥土打了半辈子交道的考古人告诉你——它可能近得超乎你的想象。在浙江浦江的上山遗址，用铲子轻轻刮去 20 厘米的土层，就有可能触摸到万年前先民留下的痕迹：一片经过打制的石器、一粒炭化的稻米、一片掺着稻壳的陶片……这些沉默的"时光碎片"，正等待着你与我一同解开它们背后的无穷秘密。

2000 年的那个秋天，我带着队伍、带着探铲来到浦阳江畔，开展一次不曾预设的专题性考古调查，却揭开了改写中华文明史的奠基性一页：土层中被翻动出的带有稻壳印痕的陶片，竟来自比河姆渡遗址还早三千多年的时空！早在一万年前，钱塘江流域的先民就已驯化水稻，用智慧点亮了世界稻作农业的第一簇火苗。

考古就像一场跨越时空的侦探游戏。在桥头遗址，我们曾面对一个巨大的谜团：40米见方的土台上，排列着一个一个的"器物坑"，坑里出土了从未见过的彩陶器，有的描着光芒四射的太阳，有的绘有类似八卦的符号。这些图案与六千年后的《周易》似有呼应，难道只是巧合？这些相似性，不禁让我们产生了一种心理上的震动。在这本书里，你们会看到许多"最早"：最早的栽培稻、最早的彩陶、最早的大型祭祀性土台。但更让我心动的，是透过这些"最早"触摸到的鲜活生命。当你们读到"浙江第一人"的陪葬陶罐时，请想象墓主人生前或许也曾经是个喜欢在溪边打水漂的少年；当你们看到陶器上神秘的"卦符"时，不妨猜想这是否是某个远古智者记录的密码……

年轻的探险家们，这本书不是枯燥的学术报告，而是一封来自万年前的邀请函。当你细察书页上复原的彩陶纹路，当你凝视显微镜下炭化稻米的图像，你正在参与一场横跨百个世纪的对话。你更会感受到，考古人的幸福就在于能亲手拂去时光的尘埃，让沉默的器物重新讲述祖先的故事。

考古教会我们最重要的道理，是永远保持对未知的谦卑与好奇。曾经人们惊叹河姆渡的七千年文明，却不敢相信更久远的上山文化早已在钱塘江畔生根发芽。今天的你们站在新的历史节点，或许会在未来的某天，用全新的视角重新解读这些万年稻种中的文明密码。

读者朋友们，我希望通过这本书，能让你们走进考古人的世界，感受考古发掘的魅力，领略上山文化的独特价值。愿你们保持对未知的好奇，因为每一代人都将续写这本永远未完的大地之书。

目录

一　追寻远古文化　001

◎ 从䂮[kuò]塘山背到上山 / 002

◎ 夹炭陶片出土 / 005

◎ 万年上山现世 / 011

三　解谜稻作起源　057

◎ 显微探寻遗存 / 058

◎ 鉴定栽培稻种 / 064

◎ 完整稻作起源 / 073

二　对话沉睡文物　015

◎ 精美陶器 / 016

◎ 多样石器 / 042

四　溯源万年文明　077

◎ "远古中华第一村" / 078

◎ 稻作社会与稻作文明 / 099

(一) 追寻远古文化

◎ 从橇[kuò]塘山背到上山
◎ 夹炭陶片出土
◎ 万年上山现世

査塘山背遗址

◎ 从査[kuò]塘山背到上山

  上山遗址，位于浙江省金华市浦江县黄宅镇渠南村（现上山村）。虽名为"上山"，但它并非一座真正的大山，只是一个不知名的小丘。

  上山遗址的发现，源于2000年的一次考古调查。

  2000年秋冬之际，在考古领队蒋乐平的带领下，浙江省文物考古研究所和浦江博物馆联合进行浦阳江上游新石器时代遗址考古调查。考古调查队（后简称"考古队"）队员们在浦江博物馆馆方的指引下，来到了黄宅镇渠南村附近的査塘山背遗址。"査"这个奇怪的字，蒋乐平也是第一次见识到，当时的字典上没有这个字。这个字意为不直。原来，

"眚塘"是当地人对村落中间分布的大致呈南北走向的若干水塘的俗称。实际上，这些水塘是一条古老河道残留的水域，宽度约有十米，曲折且断断续续。

起初确定的遗址点位于眚塘东侧。考古队按既定计划，在遗址点的附近展开调查，可惜收获寥寥，没发现什么有价值的东西。考古队决定拓展思路，到周边展开调查。眚塘的西边有一片耕地，中秋时节，耕地上的主要作物是蔬菜。考古队给予了相应的青苗补偿费后，就在这片耕地的中部布置探坑。9月27日，探坑中发现一件完整的陶鼎。很快，新的发现如雨后春笋般涌现，陶罐、陶豆等比较完整的陶器陆续出土，确定这里是一个良渚文化时期的墓葬。考古队随即判断，这片地区可能存在着一个分布较为密集的墓葬群。最终，考古队清理出了44座属于良渚文化的古墓，这些古墓距今约4500年，大约相当于新石器时代晚期。

当时浙江考古学界对于良渚文化是否在钱塘江以南分布尚有争论。良渚文化遗址在钱塘江以北星罗棋布，大放异彩，然而在钱塘江以南却极少发现，这是良渚文化研

眚塘山背遗址出土的陶豆

查塘山背遗址发掘现场

究领域的一大空白。眚塘山背良渚文化时期的墓葬群恰好填补了这一空白，解决了学界争议，无疑是一项重大发现。考古队队员们为钱塘江以南第一次发现良渚文化墓葬而兴奋不已。

村民们怎么也没想到，他们日出而作、日落而息的这片土地，早在4000多年前，就已是祖先开始劳动、生息的家园了！村民们开始意识到，脚下的每一寸泥土都无比"珍贵"。

更令所有人都没有想到的是，对眚塘山背的发掘，即将揭开跨度一万年的神秘面纱，让名不见经传的"上山"名扬天下。

◎ 夹炭陶片出土

考古队因为先前的发现信心大增，一时间，主要人马齐聚到了眚塘山背遗址。鉴于良渚文化墓葬坐落在一个低矮的土丘上，而这样的土丘在附近还有分布，于是考古队决定进一步扩大调查范围，第一个目标锁定在距墓葬区东北不到300米远的一个名叫"上山"的小土丘。

上山最后的静谧

"上山"并非原本就有的地名。此地实际上是一片被平整为农田的无名高地,在高地的西北边,也就是查塘向北延伸的方位,相传有"上山堰"。蒋乐平认为"堰"的名称必有所据,决定将高地定名为"上山",这得到了时任渠南村党支部书记周来水的认同。

上山遗址发掘现场

夹炭红衣陶片

考古队在"上山"这小土丘西侧的一片庄稼地里,简单布下一片小探方,没想到,这次还真有收获——挖到了新石器文化层。11月15日,考古队队员郑建明将一片刚刚出土的陶片递给蒋乐平。这是一片盆形陶器的残片,陶胎较厚,外有红色的陶衣,内胎夹炭呈现黑色,就像一片夹心饼干,而且陶胎中间还羼[chàn]和了大量的稻壳、稻叶。

这片夹炭红衣陶片的出土令考古队大为震惊,毕竟此前从未见过这种陶片,它与庙塘山背良渚文化时期墓地的随葬陶器全然不同。虽说其夹炭红衣陶的特征,能勉强与河姆渡文化建立起一些联系,可这夹炭红衣陶片究竟源自什么年代?真的属于河姆渡文化吗?

2001年农历正月十五刚过,考古队马不停蹄地再度来到渠南村,开启了第一期正式发掘工作。随着发掘工作逐步深入，出土的陶片、石器数量日益增多，其中还发现了大量石球。这些器物与浙江余姚河姆渡遗址出土的器物相比，显得更为原始，形态上也大不一样。其中，最为典型的陶器当属大口盆，它在浙江以往的新石器时代遗址里从来没有被发现过。在发掘工作的结束阶段，蒋乐平把这个独特的遗址命名为"上山遗址"。

遗憾的是，考古队任务艰巨繁重，不得不匆匆离开浦江上山，转移到萧山（今属浙江杭州）进行跨湖桥遗址的发掘工作。在那里，他们发现了8000多年前的跨湖桥新石器时代遗址，比河姆渡遗址又提早了1000多年，当时不少人认为，这或许已然是历史源头。然而，难道真的无法再向前追溯了吗？

上山遗址全国重点文物保护单位标志碑

就在所有人的注意力全被跨湖桥吸引之际，浦江上山那些独特的夹炭红衣陶片和粗糙石器，却让蒋乐平一直牵肠挂肚、放心不下。上山遗址或许代表着更为古老的文明，至于具体属于哪个年代，暂时难以确定，但能够肯定的是，上山遗址的年代要比崮塘山背墓葬更为久远，绝对早于良渚文化时期。

石器时代

石器时代是考古学对早期人类历史划定的一个时代，大约始于距今300万年至200万年，是人类历史上极为漫长的一个阶段，主要特征是人类使用石器作为主要的生产工具。石器时代大致可以分为旧石器时代和新石器时代，在部分地区，还出现了特殊的中石器时代。

旧石器时代

旧石器时代，是石器时代的初始阶段。那时的人类刚刚学会制作工具，用最原始的打制方法，将石块敲敲打打，变成简单的工具。人们手持这些简单的打制石器，靠着采集野果、狩猎野兽来填饱肚子。他们没有固定的住所，只能在山洞里栖身来躲避风雨和野兽的侵袭，过着风餐露宿的生活。

中石器时代

中石器时代，处于旧石器时代和新石器时代之间，大约从距今1万年前开始，是人类从狩猎采集向农业定居过渡的关键阶段。不过，中石器时代并非在全球都有分布，它主要分布在欧洲、中东等地区。有些地区的人类群体发展较快，跳过了中石器时代，直接进入了新石器时代。中国的自然环境适合早期农业的发展，因此很快就从旧石器时代过渡到了新石器时代，跳过了典型的中石器时代。美洲和澳洲与其他大陆隔离，人类到达的时间较晚，直接进入了新石器时代或更晚的阶段。

新石器时代

新石器时代，既是石器时代的终章，也翻开了人类文明崭新的一页。这个时期是人类发展的关键转折点：农业与畜牧业的发明，赋予了人类稳定的生活资料来源；人类告别了穴居的生活，开始在旷野上定居；磨制石器的广泛使用，让人类在与自然的抗争中有了更有力的武器；制陶和纺织技术的出现，为人类的生活增添了丰富的色彩。

◎ 万年上山现世

上山遗址究竟属于哪个年代？会比河姆渡文化更久远吗？受限于当时的技术水平，考古队的研究很难深入下去。

考古学测年最常用的方法是碳-14测年。碳-14是一种放射性元素，均衡地存在于自然界的各类生命体中。一旦生命体死亡，它体内的碳-14含量就会逐渐降低，降低的速度是每经过5730年就降低为原来的一半，这个含量降低一半所需的时间也被称为"半衰期"。通过测量动植物遗体中留存的碳-14放射性水平并与碳-14的原始放射性水平进行比较，就可以计算出动植物死亡的时间。但在实际的操作中，考古样品的纯度、野外提取及实验室操作过程中样品受到的污染都会影响测年的准确性。

考古领队蒋乐平设法与北京大学碳-14实验室的吴小红博士取得了联系，向她请教碳-14测年的原理及技术。当时，蒋乐平以为进行碳-14测年，至少需要木炭、木块，于是提起了他对上山遗址缺乏合适样品进行碳-14测年的遗憾。

吴小红博士听说上山遗址有夹炭陶片，便向蒋乐平介绍了当时最新的加速器技术——通过这项技术，即便是少量的碳素也可以进行测量——并建议使用夹炭陶片进行测验。

2002年的6月上旬，"2001年度全国十大考古新发现成果汇报及表彰会"在杭州举行，会上蒋乐平请托曹兵武先生将上山遗址的4个夹炭陶片样本带到北京大学考古文博学院。

2003年元旦刚过，吴博士打来电话，告知上山遗址的测年结果已经出来：4个样品中最早的达9600年，其余的为8000多年。

几天后，一封来自北京大学考古文博学院的信函飘然而至，打开信函，4个测年数据整整齐齐地排列在一张白色的纸片上。测定结果让人大吃一惊：经过树轮校正，上山遗址距今约11400年至8600年！这可比河姆渡遗址早了三四千年，比跨湖桥遗址早了两三千年！一万年！这是真的吗？

树轮校正

树轮校正是通过树木年轮校正测年数据的技术手段。大家知道树木每年都会长一圈年轮吧？这年轮就像树的"年龄记录器"，正常情况下，每一圈年轮就代表一年。通过数年轮的方式，树木年轮的生长年份是可以精确确定的。

考古学家们收集不同地区、不同树种的树木样本，这些样本的年轮记录时间越长越好，有一些长寿树种如橡树等，可以建立追溯到几千年前的树轮年代序列。通过对大量树木年轮进行碳-14测量，可以构建起连续的碳-14年代序列。这个序列就可以作为校准放射性碳-14测年结果的参考标准。

2003年11月7日,《中国文物报》头版头条刊登《浙江浦江县发现距今万年左右的早期新石器时代遗址》一文。一时间,上山风起,吹皱了考古界的一池春水。国内外考古学家纷纷来到浦江上山实地考察,尝试用多学科的先进手段采集更多遗址信息,更大规模的发掘工作也随之展开。从2001年到2024年,在浦江上山遗址先后进行了五期考古发掘,出土石器、陶器上千件。

上山遗址发掘现场

(二) 对话沉睡文物

◎ 精美陶器
◎ 多样石器

◎ 精美陶器

大口盆与它的用途之谜

上山文化遗址出土的主要遗物是陶器和石器。上山文化陶器中最具有标志性的是一种平底、敞口的器物,考古专家根据它的体态特征,形象地为它取名"大口盆"。大口盆的数量占到了复原陶器数量的一半以上,这么多的大口盆,它们的用途是什么呢?研究者们众说纷纭。

上山文化陶器坑

大口盆

017

一般来说，陶器大致可以分为炊器、饮食器、盛器三大类：炊器，用于烹饪食物，将食物由生变熟；饮食器，指在人进食的过程中被拿来直接盛装食物以供人食用的器物；盛器是专门盛装食物或其他物品的器物。一件陶器的使用功能未必是单一的，它可以有着多种用途。

考古学一般认为最早的陶器是用作炊器的。因为陶器的盛放功能可以用其他自然物质代替实现，比如竹筒、葫芦、大的叶子等都可以盛放物品。然而，陶器的炊器功能是这些自然物质无法代替提供的，因为陶器有一个特质，那就是耐高温。这些自然物质无法经受高温烧烤，也就无法作为炊器。由此来看，陶器的发明可能和烹饪食物有着紧密的关系。

然而，考古学家们并没有在大口盆上发现"烟炱［tái］痕迹"，也就是烟熏火燎的痕迹。既然大口盆的表面并没有明火烧过的痕迹，那么，大口盆还有没有可能是用于烹饪食物的炊器呢？有研究者认为，大口盆仍然可能是当时的一种炊器，它或许与一种称作"石煮法"的烹饪方法有关。所谓"石煮法"，就是将石头加热至高温，直接投入放有食物和水的盛器中，不断放进去的烫热的石头加热了盛器中的水，从而让食物变熟，类似现在"石锅鱼"的烹饪方式。

石煮法示意图

民族志资料表明，狩猎采集民族以石煮法在用动物皮革、树皮、木头或石头制成的容器中炖煮食物。在北美洲北部地区，一些游牧民族用烧热的石头在陶器中炖煮食物，这些陶器大多为如大口盆一样的敞口器，因为敞口器形便于搅动器内包括烫热的石块在内的盛物。这就是有研究者认为大口盆是"石煮法"炊器的主要理由。

民族志

民族志是一种通过实地调查来描述和分析特定文化群体或民族的文化现象、社会结构和生活方式等诸多方面的研究方法及其文本成果。民族志侧重于对当下的、活生生的文化群体或民族进行实地调查，强调对文化细节的挖掘和对群体生活的微观描述。开展民族志研究的主要目的是对一个群体的文化进行全面、深入且细致的记录和理解。

通俗地说，民族志就像是给一个有独特文化的群体或者一个民族写的一本超级详细的"生活指南"和"文化记录册"。

想象一下，如果你要去了解一个陌生的部落，你会怎么做呢？你可能会搬过去和他们一起生活，看看他们住什么样的房子，穿什么样的衣服，这就是在观察他们的物质文化。

你还会注意他们每天都做些什么。比如，他们是靠种地为生，还是放牧，或者是捕鱼？这是他们的生产方式。他们怎么休息、娱乐？有哪些节日活动？这就是生活方式。

同时，你也会关心他们的家庭。他们怎么称呼亲戚？有没有特别的家族规矩？这是社会结构的一部分。

你还要关注他们的精神世界。他们有没有信仰，有没有特别的宗教仪式，有什么特别的说话方式，有没有只有他们才懂的故事、传说或者谚语？等等，这些就是非物质文化。

把所有这些内容全部记录下来，写成一份详细的报告或者一本书，就形成了民族志。它可以让其他人不用亲自去这个群体中生活，也能知道这个群体拥有什么样的文化。

不过，并非所有研究者都认同大口盆是"石煮法"炊器。有研究者从考古类型学的角度出发，得出这样的观点：大口盆发展至中期，形态逐渐演变，质地也逐渐演变为泥质陶或夹细砂陶，相较于早期大口盆的粗厚，此时的大口盆胎体变薄，而变薄的胎体很显然不适用于"石煮法"的烹饪方式；由于大口盆的特征与炊器功能所需的条件之间的差异逐渐变大，因此大口盆恐怕不属于炊器，而是属于食器或盛器。

考古类型学

考古类型学是考古人员研究古代遗物的一种方法，也是考古学中最重要的研究方法之一。

首先，考古人员会仔细查看古代遗物的各种特征，关注其形状、大小、花纹等方面的特点。在同一文化或同一时期内制作和使用的同类器物会具有相似的特征，据此，考古人员将它们归成一类，这是基础的分类工作。

接着，考古人员把分好类的物品按时间先后或演变顺序排列起来，去探寻它们的变化规律。器物的特征会随时间推移而变化，这种变化通常是逐渐的、有规律的。通过对大量不同时期的同类器物进行排比和分析，可以发现演变规律。比如陶器可能从简单粗糙逐渐变得精致复杂，或者纹饰出现新的变化。

通过分类和排比，考古学家就能依据这些规律，判断出在其他地方发现的类似遗物的年代、所属文化，还能了解不同地区文化之间有无相互影响与交流。例如，在不同地区发现相似的陶器，借助考古类型学，可能发现它们之间存在某种联系，这种联系可能是因贸易或者人口迁徙引发的文化传播而形成的。

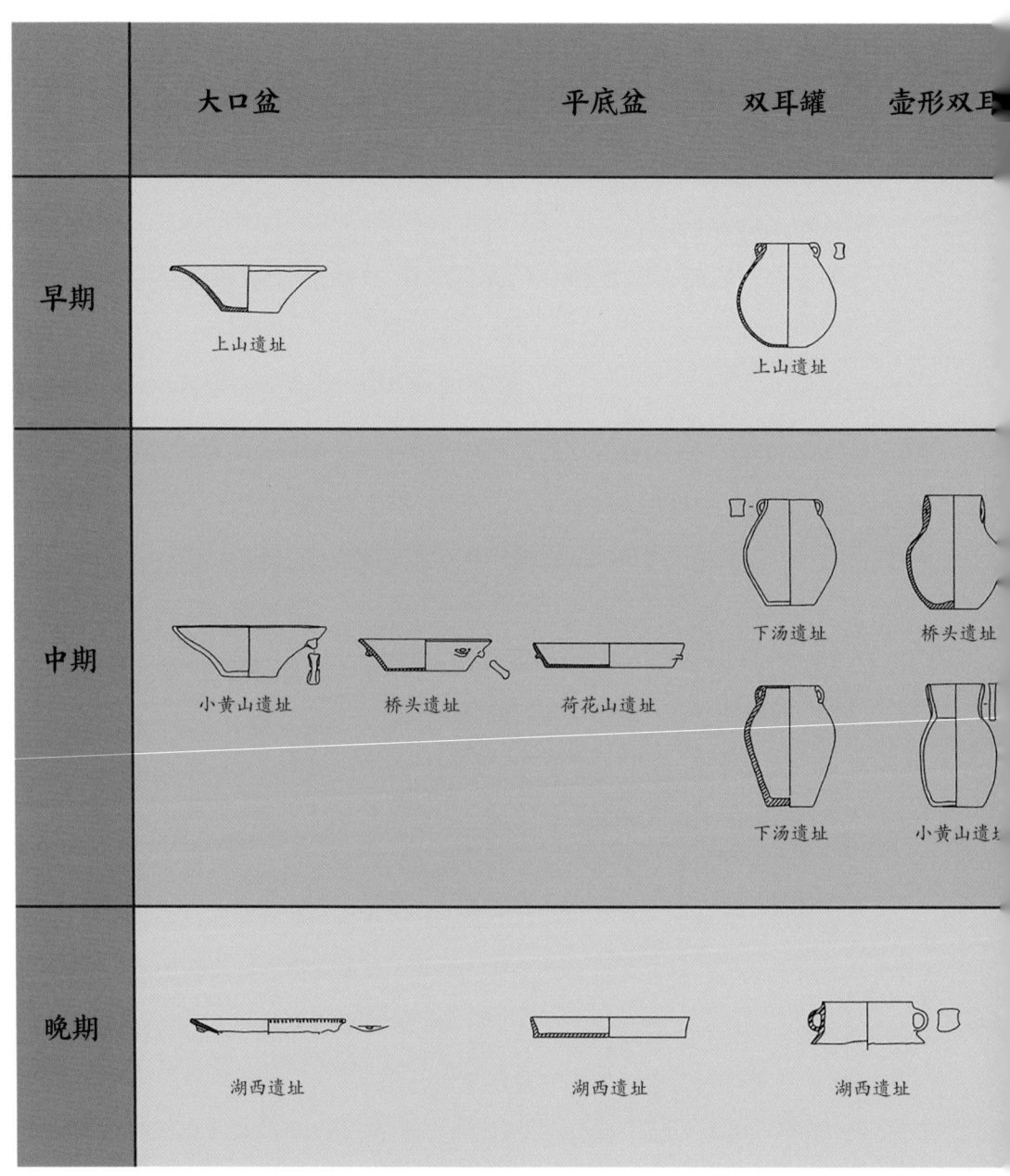

上山文化典型陶器分期图

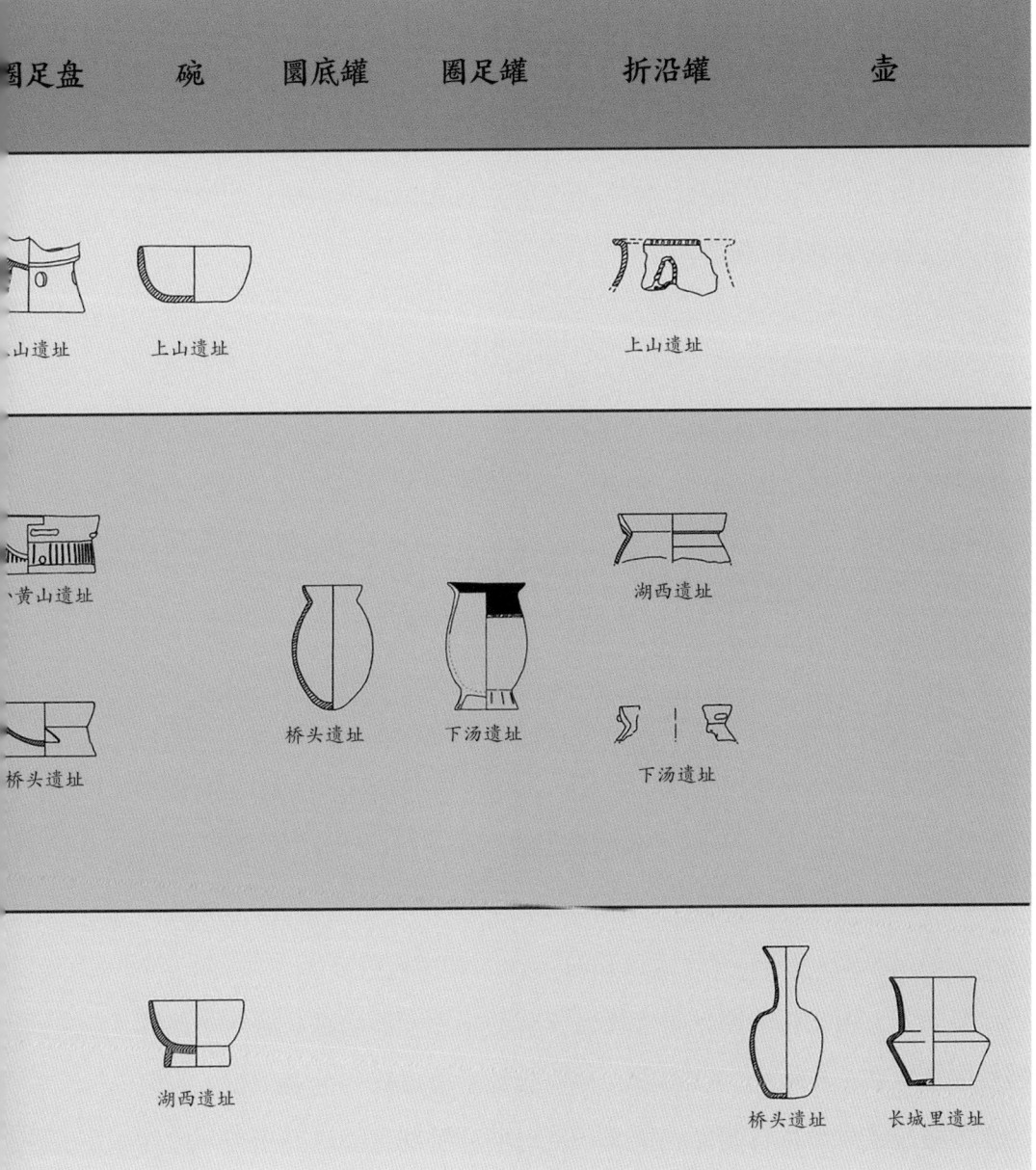

那么，大口盆会不会是食器呢？用这么大的器物作为食器，吃饭会不会不方便？

口径与大口盆相近的盘在上山文化中期开始大量出现。这些盘最大直径超40厘米，不过器腹深度很浅，多在5厘米左右。如此特征的食具，既不适合盛装流质食物，也不便于单人独食，这就说明，当时大概率存在合餐或共食的习俗。

平底盘

但到了上山文化晚期，很多类似于碗的小型陶器出现。这些小型陶器或许意味着，在上山人就餐前，食物会被平分成相等的若干份，有限的食物被氏族成员各自领取，这表示原始的分餐制可能已经出现，以在食物匮乏的当时保障人人有食物吃。食具形态的转变，实则反映了食物结构以及生活方式的变化。

如果把大口盆看作盛器，那么令人疑惑的是，上山文化迄今未发现器物盖。有人推测，上山人有自己的办法，他们可能利用其他物质，比如木板、叶片等，当作盖子来用；又或者是挑两个大小、形状合适的陶器，相对地扣在一块儿，上面的那件陶器被权当盖子用。没有特定的陶器盖，也从侧面反映出一个情况，那就是在当时，长期储存的观念恐怕还没有形成。

彩陶上的色彩与符号

上山文化陶器的精华是彩陶。所谓彩陶，就是在打磨光滑的陶坯上，用颜料绘制出各种图案，然后入窑烧制，使颜料与陶胎紧密结合，最终制作出带有彩色装饰图案效果的陶器。

陶器出土现场

上山文化的彩陶堪称世界上最早的彩陶。2010年，上山文化彩陶残片在浙江永康湖西遗址被首次发现。2013年后，浙江义乌桥头遗址出土了纹样更复杂的彩陶器。这些遗址均属于上山文化中晚期，距今约9000年至8500年。桥头等遗址的陶器体现了上山文化制陶器工艺的最高水平。当时上山先民的彩陶工艺极其精湛，在世界陶瓷史上写下了浓重的一笔。

上山文化中的彩陶极为独特，与其他地域的彩陶存在显著差异，有自己独有的风格。它脱胎于上山文化独特的红色陶系，是从上山文化独有的制陶工艺中诞生的。

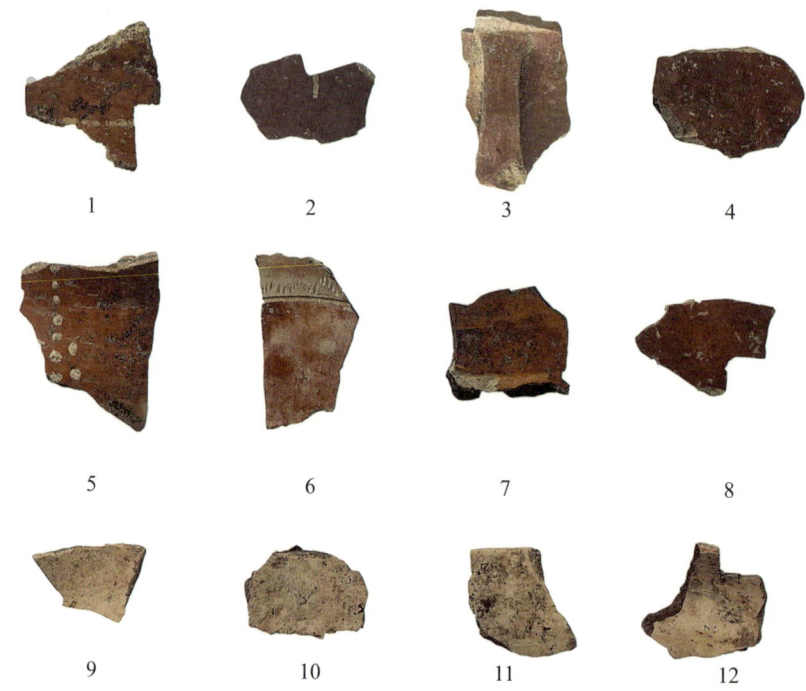

上山文化部分彩陶样本
1、2、3、5 为带白彩的红衣陶；4、6、7、8 为红衣陶； 9—12 为白衣陶

在上山文化早期的夹炭陶器上，就出现了给陶器表面涂施红色陶衣的工艺。早期夹炭陶中羼杂了碎稻壳成分，致使烧制而成的陶器胎体较为粗糙，表面缺乏光滑质感。然而，令人称奇的是，其外部所施的陶衣却极为细腻，使得陶器表面呈现出光泽，可见经过了特殊的工艺处理。在红色陶衣之下，通常能够发现浅黄色或者乳白色的涂敷层，这一层与现今化妆所用的"粉底"具有相似的作用，能够美化陶器外观，因而也被称作"化妆土"。

发展到中晚期，涂红色陶衣的做法在夹细砂陶器以及粗泥陶器中依旧盛行，且制作工艺越发精致。上山人在红色陶衣泥料的选择及涂饰实践中逐渐发展出彩陶工艺。此时的彩陶，除了红彩以外，还运用乳白彩，色彩变得更为丰富美观。

陶　衣

陶衣，就是陶器表面的一层特殊"外衣"。在陶器制作过程中，为了改善陶器外观质感、达到特定的装饰效果，或者增强陶器的某种性能，工匠们会精心调制一些细腻的泥浆，然后把它们均匀地涂抹在陶器坯体表面，这层泥浆经过烧制后，就形成了陶衣。

陶衣可以让陶器的外观颜色更加鲜艳，比如能使原本单调的陶色变得绚丽夺目；可以填补陶器表面的微小孔隙，使陶器质地更加致密，一定程度上提升陶器的耐用性，让其在日常使用和保存过程中更不容易受损。所以，陶衣对于古代陶器而言，既是一种装饰手段，也是提升陶器品质的有效方式。

红彩，也叫"薄彩"，其颜料质地稀薄，涂抹于红色陶衣或者乳白色陶衣表面，绘制出的纹路一般较为宽阔，视觉观感与触觉感受都较为光滑。红彩绘制的图案大多为简单的带状条纹。

乳白彩，又称"厚彩"，其颜料干燥后显得厚实，涂抹于红色陶衣之上，所绘制的纹路较为狭窄，无论是通过视觉观察还是用手触摸，均能感知到纹路具有粗凸之感。不过乳白彩颜料存在一个弊端，即容易出现掉色现象。乳白彩所呈现的纹样丰富多样，除了具象化的太阳纹，还可见由圆点、环圈、短线组合而成的抽象几何纹饰，颇具艺术美感。

彩陶主要出现在盆、罐、圈足盘、碗这几类器物之上。

以盆为例，其彩纹呈现方式为沿着盆口边缘绘制一圈红色的条带纹。在盆腹内外壁浅黄色或乳白色的映衬之下，这一圈红彩条带显得格外醒目，增强了装饰效果。部分陶盆外壁同样为红色底色，但条带的红彩的色泽更为鲜艳夺目，二者对比鲜明，极易分辨。

绘有红彩条带的平底罐

陶盆

陶盆
泥质夹细砂，内外均施乳白色陶衣，
于口沿面上施一周红彩

而在陶罐以及陶壶形罐上呈现的彩纹，则都能够被归类至红地乳白厚彩这一类别。这些彩纹通常被绘制在器物的肩颈部位，呈对称的四等分或者二等分分布，或环绕一周。彩纹一般存在短线组合与点彩组合这两种形式。

肩颈部点彩环绕一周的陶壶

肩颈部绘有点彩组合的陶壶

肩部绘有短线组合的彩陶罐残器

特别值得注意的是，同一器物上的各组纹饰并非单调的简单重复，而是各具特色。其中，短线组合有着特定的规律，有的样式看上去竟形似"卦符"，充满神秘色彩。点彩组合则能够形成方形、圆形图案，除了有环绕器物一周的呈现方式以外，还有组合成类似套索的纹样的，别具一格；有的则在长颈部位形成纵向对称的断续折线纹装饰，为陶壶增添了几分韵律感与神秘感。对于体形较大的那一类罐而言，其颈部往往装饰有一周白彩弦纹，并且搭配上平行点彩以及太阳纹，使得罐体更显精致。这些纹饰相互映衬，充分展现了上山文化彩陶独特的装饰艺术魅力。

纹样形似"卦符"的陶壶

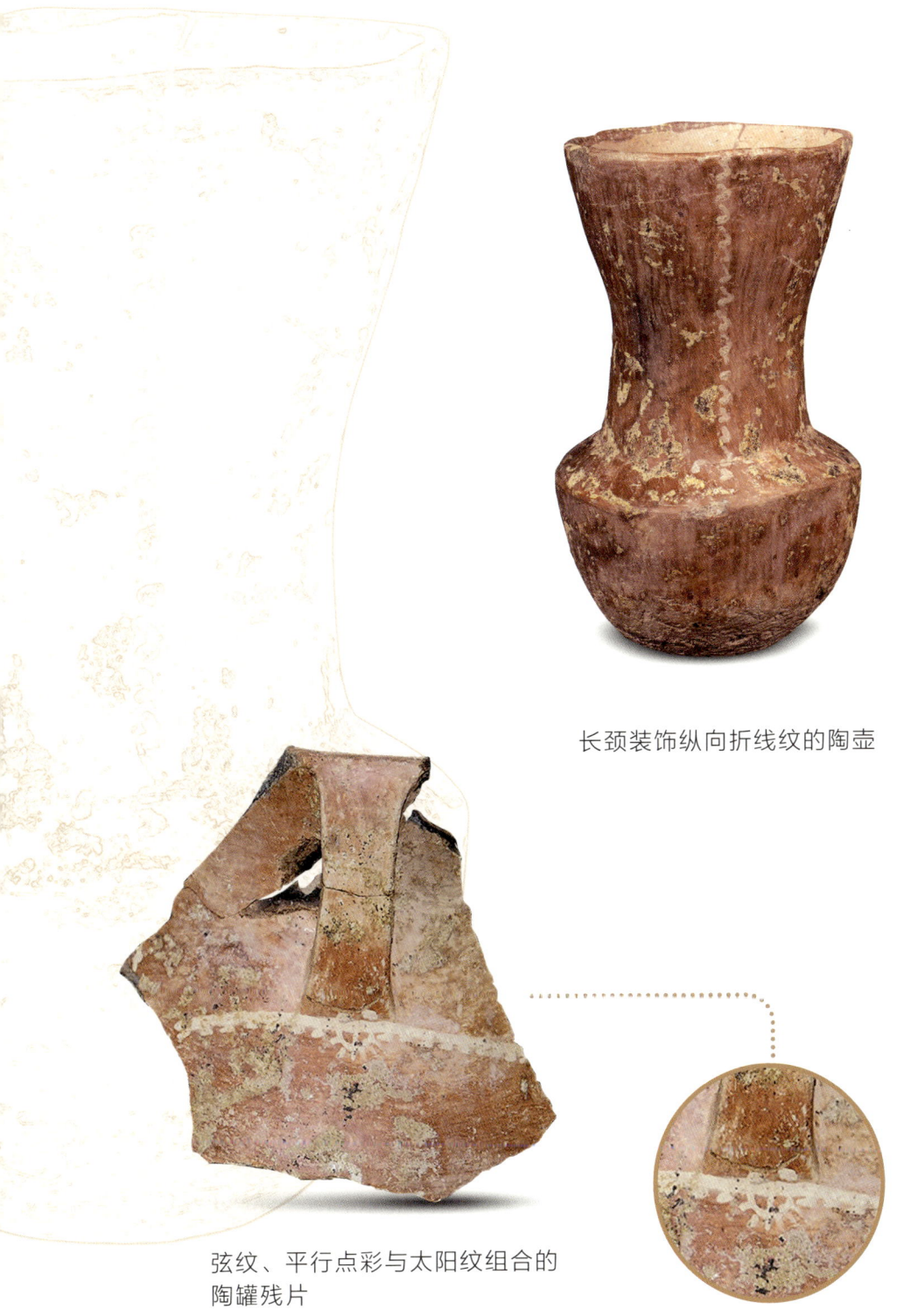

长颈装饰纵向折线纹的陶壶

弦纹、平行点彩与太阳纹组合的陶罐残片

桥头遗址出土的这件陶壶，喇叭口外撇，直颈，腹似腰鼓，器型简单、优美，外壁涂抹的一层红色陶衣反射出明亮的光泽，内壁表面则覆盖着一层细腻的乳白色涂敷层：体现出高超的制陶和装饰手艺。

陶壶

圈足盘残器

　　圈足盘同样是上山文化中极为重要的彩陶器。其彩纹形式主要分为两种：其一为施于盘腹外壁的红地白彩，这种彩纹样式丰富，除了常见的连线点彩以及细碎波浪纹图案外，截至目前所发现的最为复杂的图案，是在一件残器上呈现出的太阳纹、对角纹与方块纹的组合，展现出当时人们高超的艺术创造力；其二是独具特色的"留白"彩纹形式，器物通体为红色陶衣，却在圈足部位特意留出白底，从而形成一圈醒目的白彩带纹，反映了上山文化陶器在色彩装饰上的独到之处。

连线点彩的圈足盘残片

细碎波浪纹的圈足盘残器

太阳纹、对角线与方块纹
组合的圈足器残片

圈足镂孔处施白彩的圈足盘

圈足留白的圈足盘

圈足碗

　　碗作为上山文化晚期才出现的器物,其器形简约质朴,彩纹也较为单一,仅见点彩一种,通常是以环器一周的组合点彩来进行装饰,虽简洁却也别有一番韵味。

除了上述丰富多彩的彩陶装饰外，上山文化陶器上还可见刻划、镂孔装饰。刻划装饰多见于罐的口沿外侧，以简洁的线条勾勒出别样的风情；镂孔装饰则常出现在圈足器的圈足部位，通过精巧的镂空设计，增添了器物的通透感与艺术感。此外，还有少量极为特殊的刻划纹样，如神秘的"田"字符号，其蕴含的意义至今仍有待进一步探究。

"田"字符号陶片

陶器背后的制作技术

轮制技术是一种在陶器制作历史中具有重要意义的工艺方法。考古研究表明，轮制技术最早可追溯到新石器时代中期的跨湖桥遗址。跨湖桥遗址出土的陶器上环状规整的弦纹以及木质陶轮底座，证明了当时慢轮制陶技术的存在，这是中国目前发现的最早的轮制技术证据。

上山文化的年代早于跨湖桥文化，尚未发现有轮制技术的明确证据。那么，那些精美的上山文化陶器是如何制作出来的呢？

上山文化陶器的制作运用了多种技术，涵盖捏塑法、泥片贴筑法、泥条盘筑法和泥条套接法等，其中以泥片贴筑法和泥条套接法最为典型。

泥片贴筑法是将泥料先搓成泥球，再按成泥片，然后经过手捏、拍打或滚压，使泥片之间互相粘贴在一起筑成坯体的方法。可先分段贴塑成某一形状，再拼接成器。贴筑法的特征是可以从陶片截面上观察到明显的层理，特别是典型的陶器标本的截面，特征显著。

贴筑法陶片

贴筑法陶片

泥条套接法,其拼接方式较为独特,采用的是"子母口"的形式。具体而言,是泥条上有凸面与凹面,一个凸面与一个凹面相互契合来完成拼接。而在盆类陶器的断裂面上,还能看到泥条呈现圈条状分布的样子,这是泥条套接法在陶器上留下的另一个直观印记。

总体来看,这些制作方法可能有主副之分,不同的制作方法也有可能同时应用在同一件器物之上。

泥条套接法陶片
上为凹面,下为凸面

上山文化大口盆上反映
泥条盘筑成型的断裂面

041

◎ 多样石器

石器的演进与制作

上山文化处于旧石器时代向新石器时代过渡的阶段，在这个特殊时期，打制石器作为旧石器时代常用工具大量留存。上山文化出土的石器，是以打制石器为主，同时也存在一定数量的磨制石器。

要深入开展石器研究，首先就得明确石器的材料以及石料的源头。那么，这些石器究竟是用什么石料制作而成，又是从哪里采集来的呢？2006年10月下旬，相关研究者对上山遗址石器的石质展开了初步鉴定，确定凝灰岩是上山遗址打制石器的主要用料。到了2008年，考古队经调查发现，上山遗址石器的原料基本上都取自浦阳江河滩，这一结论与在部分石器中观察到卵石石皮残留的现象是相互吻合的。

在当时，上山人多是利用来自河滩的坚硬卵石，通过打制剥离的方式获取石片和石核，并将石片和石核制作成工具。其制作流程通常涵盖两个关键步骤：剥片与二次修理成器。

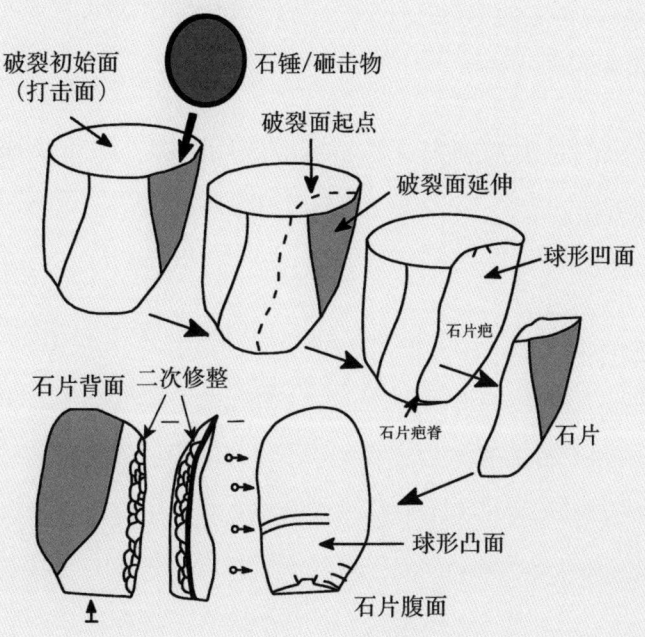

锤击法示意图

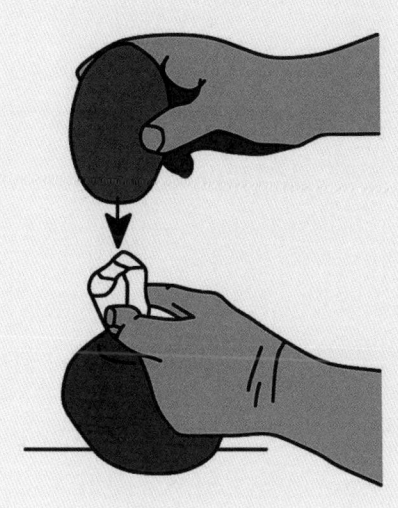

砸击法示意图

在打击石片剥片时，所采用的方法以锤击法为主，不过，根据石器的特征推测，也有可能运用了砸击法。而二次修理成器环节主要运用锤击法，具体操作包括对破裂面、背面进行交互或错向打击修理。此外，还有少量石片上面存在比较宽而浅的石片疤，依据这些痕迹推断，可能在修理过程中使用了间接打击法。

石器的功能与分类

考古学家们是如何确定这些石器的作用的呢？考古学模拟实验就是其中的一种方法。

> ### 模拟实验
>
> 考古学模拟实验是一种通过人为构建实验场景，重现古代人类的行为、工艺制作过程或遗址形成过程等的研究方法，它通过重现史前人类的活动及其过程来加深我们对史前时期的理解。以石器制作模拟实验为例，实验者会挑选合适的石材，按照推测的史前制作方法，尝试制作石器等工具。在这个过程中，需要观察每一个步骤产生的废料的形态、工具的成型难度等细节。例如，通过模拟制作石斧，发现制作过程中需要对石材的纹理有精准的把握，不同打击角度和力度会产生不同形状的石片，这有助于解释考古遗址中发现的大量石片废料的来源和用途。

石料采集好后，依据考古发现与研究，研究者们开始仿制各种打制石器。经过努力，制成数十件仿制石器，接着就用它们展开砍、切、割实验。实验对象有猪骨、竹子、木条、稻禾等，这些实验对象是在上山人的生活中具有代表性的东西。实验时，研究者们详细记录仿制石器在

砍砸器

每次操作中的表现,如砍猪骨时关注刃口受力状况、切入难易程度,切割竹子时留意能否划开纤维、切割面平整度等。

系列实验结束,研究者们带着仿制石器回到实验室,将它们放在显微镜下,与发掘出的同类石器标本对比研究,仔细观察刃部磨损痕迹、整体结构变化、表面细微特征等,以此确定上山文化石器的功能。

上山文化具有代表性的打制石器类型丰富多样,包括尖状器、凸刃刮削器、直刃刮削器、锯齿刃刮削器、盘状刮削器、钻器,还有石核石器等,每一种都有其独特的形制与功用,满足着不同的生产生活需求。

打制石器虽然锋刃看起来不像磨制石器那般规整精细,但锋利程度一点都不逊色,在当时人们的生活中发挥着诸多重要作用,像割肉、锯竹、割穗这些工作,它们都能轻松应对。

石片石器,在早期的上山文化遗址中是出土数量最多的石器,中期之后逐渐减少。

石片石器　　　　　　　　　石片石器割稻示意图

穿孔石器，一般选用天然的近似圆形的砾石当作原料，其中有一部分的表面还会经过简单加工处理。这类穿孔石器最显著的特征就是中部凿有一个孔，石器的直径在10厘米左右，孔的内直径通常在2—3厘米之间。穿孔的工艺较为独特，采用的是双面凿打技术，从石器两边相对着凿，直至对穿成孔。

 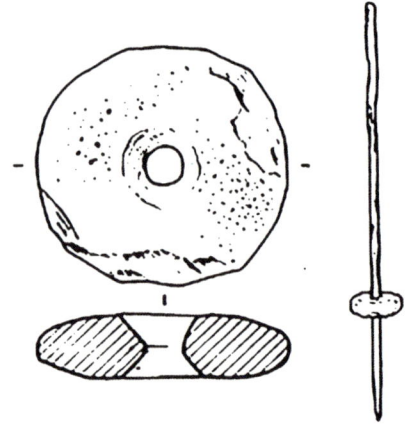

穿孔石器　　　　　　　　穿孔石器的一种使用方法示意图

关于穿孔石器的功能，目前存在两种主流解释。其一，它被认为是作为一种加重器来使用的。具体操作是用一根尖木棒从穿孔石器中间的孔穿过，并将穿孔石器牢牢固定在木棒中部偏下的位置，如此一来，组合而成的工具就可用于挖土以及点播种子等农事活动。这是因为穿孔石器能够让原本细长的木棒重心下移，进而大大提升使用工具时动作的稳度、力度以及准确度，使劳作更加高效。其二，它还有可能是一种狩猎工具。使用时，先用绳索从穿孔石器中间的孔穿过并固定好，人握住绳索的另一端，通过快速旋转绳索带动穿孔石器做圆周运动，当穿孔石器旋转到速度最快的瞬间，松开手握着的绳子，穿孔石器便会沿着圆周切线的方向迅猛飞出，凭借强大的冲击力击杀或捕获猎物，这种使用方法和流星索、飞索石极为相似。从遗址出土的穿孔石器情况来看，确实有部分穿孔石器呈现出裂成两半的状态，或许就是在使用过程中遭受猛烈撞击的结果，为我们推断穿孔石器的功用提供了有力的实物证据。

石球,是一种抛投的狩猎工具。在上山文化遗址中,有一种球面上刻有凹槽的石球,其使用方法应该与上述穿孔石器的第二种使用方法类似。具体而言,凹槽是用来捆绑绳索的,既可以由狩猎人握住系着石球的绳索的另一端,挥动石球抛击野兽,利用石球的冲击力对野兽造成伤害;也可以是绳子一端系着石球或绳子两端各系着石球,狩猎时狩猎人把系着石球的绳子抛出,击中猎物或作为绊兽索缠住猎物的脚,减缓猎物奔跑速度,从而得以围而捕之。石球还可以作为飞索石,即用兽皮或植物纤维做一个兜,在兜的两头各拴一根绳子,兜里放石球,使用时将两根绳子一齐握住,用力甩起,把兜抡起来,而后松开一根绳索,使兜中的石球飞出,飞索石的有效射程有时可达50米之远。通过对这类石球的研究,我们进一步丰富了对上山先民狩猎方式的认识。

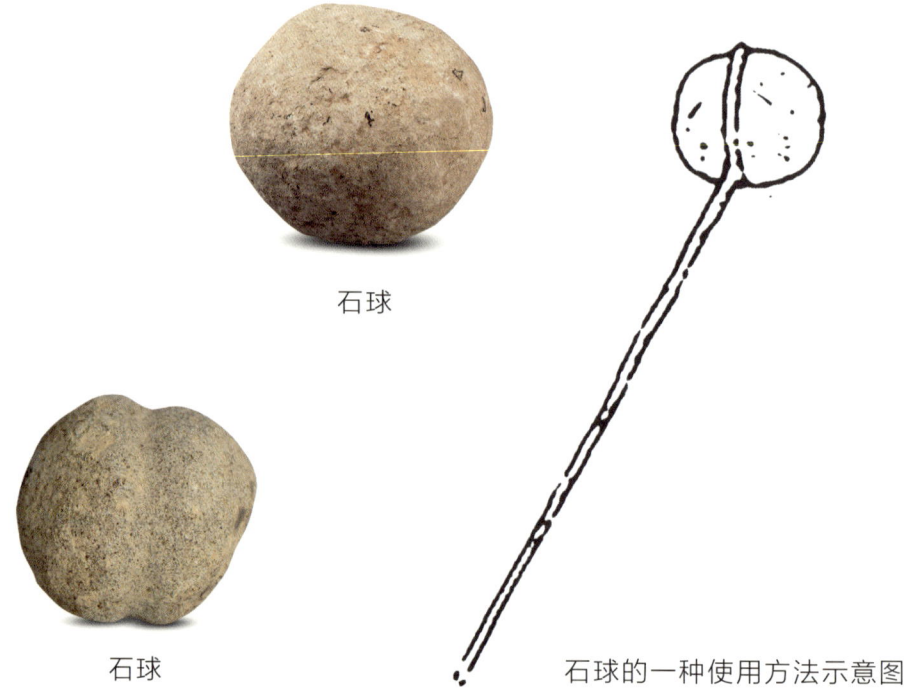

石球

石球

石球的一种使用方法示意图

石斧

斧、锛[bēn]、凿，这三种石器是上山文化遗址所发现的磨制石器的主要部分。从更宏观的角度来说，它们实际上也是新石器时代最早出现的一批磨制石器。这背后有着深刻的历史缘由。随着旧石器时代晚期人类逐渐走出洞穴，为了能够遮风避雨，利用树木作为原料在旷野地区搭建住所就成了当务之急，成为人们的第一需求。而打制石器那不规则的刃部，在面对砍伐树木、加工木材的工作，尤其是面对解剖木料进行深度加工等复杂工序时，就显得力不从心，难以满足需求了。从这个意义上来讲，磨制石器的诞生恰逢其时，它凭借规整、锋利的刃部，大大提高了人类加工木料的效率，切实为定居生活提供了有力的支持，当之无愧地成为新石器时代开启的标志之一。

斧，是一种用于砍东西的工具，它常常被用来砍伐木头，可想而知，在古代社会的生产生活里，斧占据着举足轻重的地位。

锛，在考古学领域，一般把单面刃或者不对称双面刃的石器认定为锛。从装柄方式上看，锛刃口的方向常常与柄的方向垂直，这就决定了它的用力方向是向内、向下，这种特性使得它并不适合去砍伐直立生长的树木，反而更适用于对已经放倒的木材进行深度加工，像是刨皮、将木材表面刨平，或者是刳［kū］木（挖空木材）等工序。

石锛

石锛

凿，呈现为长条形，外形看上去就像是变窄了的锛，刃是偏锋且两面都有刃。它被用来给木构件穿凿卯眼，是木工打造精细木制品不可或缺的工具。

石凿

卯　眼

　　榫卯连接是一种中国传统的木工技艺，用于连接木构件，使它们紧密结合并形成稳定的结构。榫卯结构是由榫头和卯眼构成的。

　　卯眼就是在木构件上被挖出来的一个凹进去的孔，是专门用来插入榫头的，就像是给榫头打造的一个特定的插座。

　　当制作家具等木器时，为了让各个部件连接得更牢固、更紧密，就会在需要连接的两块木头上，一块做出榫头，另一块挖出卯眼，然后把榫头插入卯眼里面，这样两块木头就紧紧地连接在一起了，而且还很美观，不会像用钉子钉那样有钉子眼。

石磨盘、磨石

石磨盘与磨石

石磨盘和磨石也是上山文化典型的石器,两者配合使用,相互磋磨,可以帮助谷物脱壳、脱粒,或者完成淀粉类食物的碾磨加工。

在考古队发现上山遗址之前,当地的村民们就偶然发现过石磨盘,不过他们起初以为只是一块并不重要的大石头,恰好这块石头表面比较平整,有人就拿来当垫脚石。考古领队蒋乐平发现后,端详了石头的弧度,心里不禁泛起疑问:这略有弧度的大石头究竟是什么?为什么有着明显的磨制痕迹?

经过深入研究和仔细考证，考古人员最终确定了这块呈长方形的厚重石板是石磨盘。它的盘面平整光滑，上面有着一些细微且不规则的磨痕，长边微微下倾，便于在磋磨谷物的时候，让谷物能够顺着长边自然滑落。四个边角打磨圆润，偶有磕碰、风化的小缺口，尽显古朴沧桑。

与石磨盘配套使用的则是磨石，它的形状好似一根粗壮短棍，长约十几厘米，表面布满小凸起以增加摩擦力，握感敦实，仿佛是传递过来的历史接力棒。

石磨盘的脱粒实验

在中国的新石器时代，石磨盘和磨石的使用比较广泛。从民族志资料看，运用石磨盘与磨石进行脱粒的情况确实存在，例如在云南广南县的壮族村寨，人们就会使用磨石来完成脱粒这一工序。远在美洲的玛雅文化，同样也发现了类似的石磨盘与石磨棒。可见这种工具在不同地区、不同文化中都有着重要的应用。

上山文化的石磨盘，由河滩大块砂砾凝灰岩加工而成，一般利用岩石平整的一面作为磨面，亦修整底面，以便稳定放置。其磨面的制作很有讲究，要么利用砂砾岩质本身的粗粉，要么有意识地琢出均匀分布的凹点，以此营造出合适的摩擦阻力，方便在使用过程中更好地磋磨谷物等食物。经过长时间的使用磋磨后，磨面往往会呈现出凹弧状。

石磨盘、磨石

磨石则呈现出条块状，形状或为圆形，或为方形。在它的一个或者多个面上，会有因磋磨而形成的稍呈弧凸的平面，这样的设计有助于在和石磨盘配合使用时，增强两者之间的接触效果，提高加工效率。

说到石磨盘与磨石的功能，学界一般认为石磨盘与磨石具有多功能性。它们既可以用来加工稻子，也能够对其他采集而来的食物，像坚果或者淀粉类食物等，进行加工处理。实际上，在原始的采集经济向农业经济过渡的混合经济阶段，这是十分正常的现象，当时人们的生产生活方式决定了，对具有相同属性的食物采用同一种加工工具以及相同的加工方法。在这个过渡阶段，石磨盘和磨石这类通用且实用的工具，发挥着极为重要的作用，帮助人们更好地处理各类食物资源，保障生活所需。

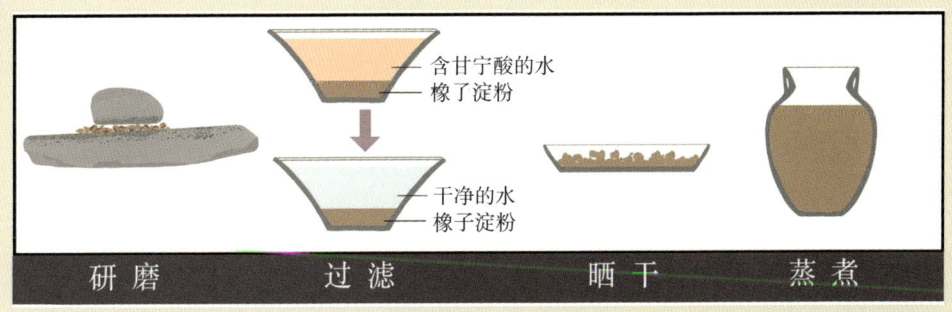

上山部分器物功能解析

◎ 显微探寻遗存
◎ 鉴定栽培稻种
◎ 完整稻作起源

（三）解谜稻作起源

◎ 显微探寻遗存

万年稻米的浮选

上山遗址出土的最神奇的遗存是一个看似毫不起眼的小黑点，小到只有通过放大镜才能勉强看清它的模样。这是一粒炭化稻米，小小的，却承载着延续万年的人类文化基因。

为什么这一粒稻米如此重要？因为它的背后隐藏着"农业起源"这一重大历史事件。人类从狩猎采集逐步迈向农耕，是文明发展历程中极为关键的一步。农业起源又被称为"农业革命"，人类在这一事件后进入了文明的轨道，漫长的农业社会从此开始。那么，目前世界上最重要的粮食来源——稻作农业，到底起源于何时何地呢？

这粒万年炭化稻米，或许可以指引我们找到答案。

放大后的炭化稻米

它是在距今一万年的土层当中发现的。遗址的面积那么大，要找到这么一粒小小的稻米，简直就像大海捞针一样困难。这一粒小小的炭化稻米，是如何被发现的呢？

这要归功于浮选技术。考古人员采集土层样本，然后把这些样本放到浮选机里。由于炭化物质的密度比水小，在浮选的过程中，炭化稻米就会浮上来。

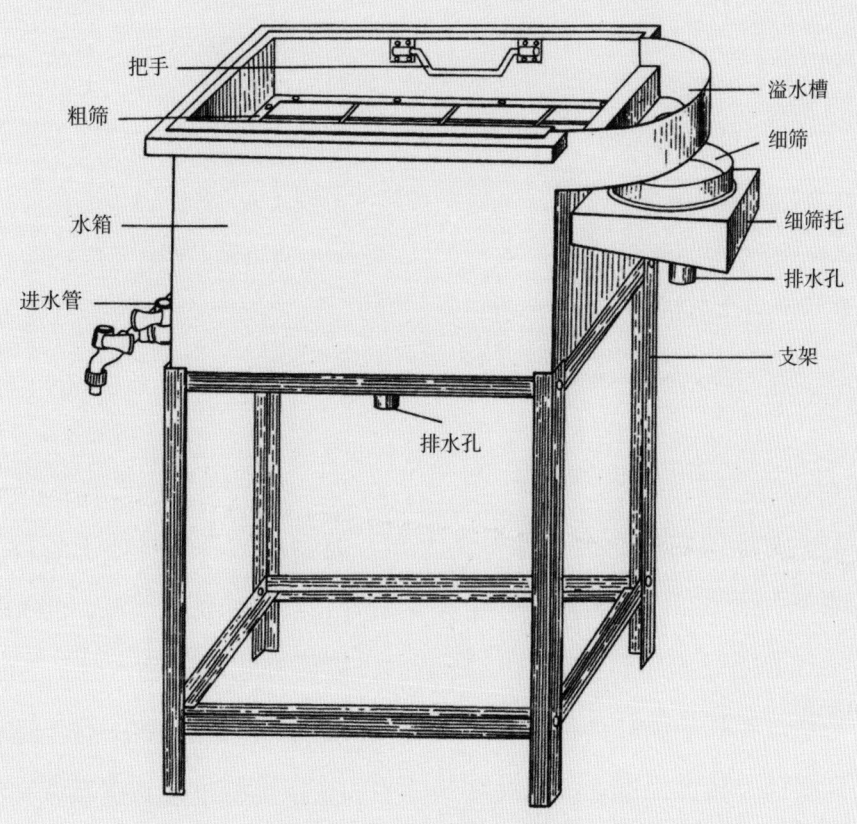

水波浮选仪
（引自：赵志军《植物考古学：理论、方法和实践》）

浮选法

在考古工作时，除了易被发现的石器、陶器等，土样里面其实还藏着很多小小的"宝贝"，像炭化稻米、小骨头或者一些很细小的人工制品。它们因为体积较小，混在土里，很难被发现。浮选法就是解决这个问题的巧妙方法，它利用水和土中不同物质的密度不一样来分离东西。

把从遗址中筛选出来的土样放进一个专门的浮选机里，混合搅拌土样和水后，密度比水轻的东西，就会浮到水面上；而比较重的东西，像石头、陶片这些，就会沉到水底。这样，我们就能很轻松地把浮在水面上的那些轻小遗物收集起来。

通过浮选法，考古学家就可以找到古代植物的种子，从而了解古代人种植的农作物是什么，了解他们的饮食习惯，了解古代的生态环境……

上山遗址的发现，把香港中文大学人类学系的吕烈丹博士的目光紧紧地牵引到了浦江。她从1995年起开始研究稻作和农业起源，2000年起，她还在自己家中试种了三年野生稻，以研究它的生物习性。2005年，吕烈丹委托中国社会科学院考古研究所赵志军研究员将一台浮选机运送到浦江，对上山遗址的地层和灰坑中的土壤堆积进行直接漂洗和浮选，其中发现的植物遗存中，数量最为丰富的是与水稻相关的遗存，包括炭化稻米、小穗轴、稻谷基盘和水稻植硅体等。

功夫不负有心人，通过这样的浮选法，第一例较为完整的炭化稻米终于被发现。当时总共发现了4粒属于上山文化时期的炭化稻米。这些炭化稻米为后续深入研究上山文化中的稻作农业等相关内容提供了十分宝贵的实物资料。

炭化稻米

陶器中的稻壳稻叶

除了炭化稻米以外，上山文化遗址出土的夹炭陶器中，羼和了大量的稻壳和稻叶，也为上山文化的稻遗存提供了有力证据。

这些被羼和进去的稻壳，其实就是经过脱粒取米后剩下的碎壳。试想一下，如果没有积聚一定数量的稻谷，在制作陶器时，人们是不会把稻谷颖壳（某些禾本科植物如水稻、小麦等种子的带芒的外壳）当作主要羼和料来使用的。

羼杂稻壳的陶片

羼杂稻壳的陶片

羼杂稻壳的陶片

这些羼和的碎稻壳就是最早的谷糠。相关统计数据显示，在上山文化的陶器中，普遍存在羼和稻壳的现象。就拿上山遗址来说，其陶器中羼和稻壳的比例高达80%以上。而且，在上山文化的荷花山遗址、庙山遗址、太婆山遗址、大公山遗址、小黄山遗址等诸多早中期遗址都能发现这一现象。这一系列情况充分表明，自上山文化早期开始，稻米的食用就已经成为一种较为普遍的现象了；也从侧面反映出当时稻作农业或许已经有了一定的发展规模，能够为人们提供相对充足的稻谷资源，进而影响到了陶器制作时的用料选择。

◎ 鉴定栽培稻种

野生稻与栽培稻的鉴定区别

在上山遗址、下汤遗址、桥头遗址、湖西遗址等多地，都通过浮选法发现了炭化稻米，这有力地证明了对水稻的栽培与利用在上山文化遗址群中已经普遍出现。

发现炭化稻米后的首要问题则是通过鉴定，看看这粒稻米是野生的还是栽培的。那么，如何区分野生稻和栽培稻呢？我们认为上山出土的炭化稻米是栽培稻，又有哪些证据呢？

在对上山遗址早期陶片的研究中，研究者发现了稻叶的植硅体。这一发现意味着上山先民们在制作陶器的时候，把稻壳羼入陶土的过程中，也会同时带入少量的稻叶。

这一现象透露出了一个关键信息，那就是对水稻的收割行为在当时已经出现了。民族学相关资料显示，在采集野生稻阶段，人们主要采用敲打的方式来收获稻粒，这种方式一般不会让大量的稻叶与稻粒一起被收集。然而，当水稻被人类栽培驯化之后，收获稻粒的方式就发生了变化，人们会采用"掐穗"的方法收获稻粒。

掐穗法是指上山先民们用石器直接将水稻成熟的穗子从茎秆上割取下来。这种方式不是将整个稻株连根拔起或从基部割断，而是只摘取稻穗部分，因此被称为"掐穗法"。

在用掐穗法收获栽培稻的时候，稻穗是和稻叶一同被取下的。在后续的脱粒等加工过程中，稻叶的残片就很容易混入其中。所以，在陶片中发现稻叶植硅体这一情况，能够让我们推断出当时已经出现了对水稻的收割行为，也从侧面反映出当时稻作农业已经发展到了一定的阶段。

研究者们区分野生稻与栽培稻主要依据三个方面：粒型长宽比、小穗轴以及植硅体。

首先，可以通过观察水稻的外观，根据稻粒的长宽之比进行初步判断。通常情况下，野生稻的稻粒形态往往比较细长，而栽培稻的稻粒相对更加饱满。栽培稻粒型宽厚，长宽比在1.6—3.0之间；野生稻粒型细长，长宽比通常达3.2以上。凭借这一外观上的差异，能做出初步的区分。考古学家通过测量发现，上山遗址夹炭陶中那粒形态完整的稻米的长宽比为2.7，而仙居下汤遗址出土的炭化稻米为2.17。这些稻米较为敦实的身材表明，它们都不属于野生稻，而是早期被人类驯化的栽培稻。

出土的水稻小穗轴

小穗轴在判断稻谷遗存属性方面有着重要作用。小穗轴是稻粒和稻秆相连接的部位。稻谷成熟后，野生稻会自然脱粒，其基盘面是光滑的；而栽培稻，尤其是粳稻（我国北方等地常见水稻品种），落粒性弱，即便通过人力进行脱粒处理，稻粒也很难从基盘面上脱落，基盘上往往还会带有小枝梗或者小枝梗残基，这就是所谓的"小穗轴"。小穗轴的特征不仅是区分野生稻和栽培稻的最佳标准，同时也是区分栽培稻两个亚种——籼稻和粳稻的重要指标。在上山遗址作为羼和料的稻壳中，既发现了具有野生稻特点的小穗轴，也找到了带有栽培稻小穗轴特征的稻壳。而且在陶片中还能找到可用于测量的稻壳，经过测量，其参数比较接近现代栽培稻。由此可以推断，遗址出土的古稻既有近似野生稻的类型，也存在近似现代栽培粳稻的类型，很可能属于处于驯化初级阶段的原始栽培粳稻。

水稻植硅体分析同样为上山文化的稻作驯化过程提供了重要证据。当前学界主要通过两种典型植硅体来判别水稻的驯化与否，一种是来源于稻叶表皮细胞的扇型植硅体，另一种是来源于稻壳结构的双峰型植硅体。其中，扇型植硅体的形态特征已被建立为有效的驯化判别标准。

植硅体

植硅体是植物在生长过程中，通过根系从土壤中吸收可溶性二氧化硅，然后经过沉淀、聚合等作用，在细胞和组织内部形成的一种微小的无机矿物质颗粒。它的大小通常在几微米到几百微米之间，形态多种多样。

植物死亡腐烂后，其有机成分会逐渐分解消失，但植硅体却能在土壤、沉积物等环境中长久保存下来。即使经过漫长的时间，在土壤、沉积物甚至是考古遗址中的陶器等遗物中依然可以找到它们。像在一些古老的考古遗址中，即便历经数千年甚至上万年，植物本身早已化为乌有，可植硅体依然留存，为研究古代的植被情况提供了可靠依据。例如，在古代的稻田遗址中，即使水稻的其他部分都已经腐烂消失，植硅体也能够留存下来，为研究人员提供有关水稻存在的线索。

植物种类不同，所形成的植硅体在形态、大小、分布等方面也存在明显差异。这就如同植物也有了"指纹"。研究人员借助显微镜等工具观察植硅体的形状、结构等特征，就能准确判断出它所属的植物种类，进而推断出古代遗址所在区域曾经存在哪些植物。

植硅体与人类活动存在紧密联系，当人们进行农业生产活动，像收割、加工农作物时，植物上的植硅体可能会附着在工具、盛器、衣物或者人体上，随后遗留在居住遗址、储存场所等不同地方。

扇型植硅体的边缘有着鱼鳞一样的纹饰，这些纹饰便被称为"鱼鳞纹"。考古学家会依据鱼鳞纹的数量来判断植硅体所属的水稻是野生稻，还是已经被人类驯化的水稻。研究者发现，水稻的驯化与否在稻叶扇型植硅体半圆形侧面的鱼鳞纹上表现出显著差异。野生稻样本的鱼鳞纹数量通常少于9个，且排列杂乱无章；而驯化的水稻的鱼鳞纹数量稳定在8—14个之间，呈现出规律性排列的特征。

对于双峰型植硅体，学界则主要依据其几何尺寸和形态特征，将长宽比小于1.5和双峰间距小于15微米，作为驯化的判别标准。

实验室数据显示，上山文化遗址出土的双峰型植硅体中，符合驯化特征的样本占比已达27%。与此同时，上山文化遗址发现的稻叶扇型植硅体中，鱼鳞纹数量超过9个的样本比例达到15%。这两类植硅体的分析结果共同表明，具有驯化特征的水稻在上山文化阶段已稳定存在。

上山文化具有驯化特征的
水稻扇型植硅体

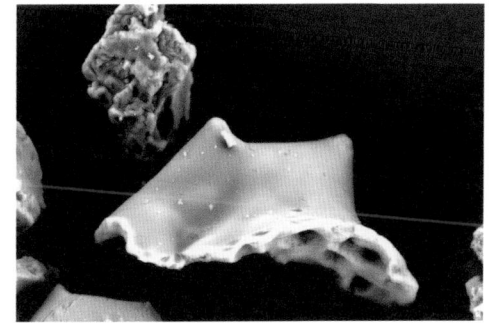

上山文化具有驯化特征的
水稻双峰型植硅体

通过系统分析水稻植硅体的变化规律，研究者进一步得出结论：在上山文化早期，也就是距今11000年至10000年前，水稻驯化就已经开始了。

对上山文化出土稻遗存的鉴定结果也显示，上山水稻呈现出栽培特征与野生特征并存的状态，这正是稻作文化处于初始阶段的特点。

野生稻的驯化

了解了如何鉴定栽培稻和野生稻之后，那么，水稻究竟是怎样从野生稻逐步被人类驯化，进而演变成如今的栽培稻的呢？

植物栽培是农作物驯化的起始点，而农作物的驯化本身是一个漫长且历经多个阶段的复杂过程，这个过程通常可以被划分为以下四个阶段：

阶段A：野生植物资源采集

在这一阶段，人类主要依赖于从自然界中采集野生植物作为食物来源。先民们只是将野生水稻作为众多可采集的野生植物资源中的一种，在水稻生长的自然环境里进行摘取，以满足基本的生存需求，并没有对水稻的生长过程等进行干预。

阶段B：野生植物生产

随着时间推移，人类对野生植物的利用方式开始发生变化，进入野生植物生产阶段。此时，人们不再仅仅是简单地采集野生水稻，而是开始有意识地对其生长环境等因素进行一定程度的关注和利用，比如知晓哪些区域野生水稻生长更为繁茂，便会更频繁地前往这些地方获取水稻，甚至可能采取一些简单的保护措施，确保野生水稻能够持续提供食物。这意味着人类与野生水稻之间的关系变得更为紧密了。

阶段C：系统栽培

到了系统栽培阶段，人类已经有了较为明确的意图，开始主动对野生水稻进行栽培管理。他们会挑选合适的土地，按照一定的规律进行农事活动，尝试去控制水稻的生长过程，使其产量更有保障、质量更加稳定。这是人类驯化水稻过程中极为关键的一步，标志着人类从单纯利用自然生长的水稻向主动干预其生长转变。

> **阶段D：基于栽培驯化植物的农业**
>
> 在这个阶段，基于前期对水稻等植物的成功栽培驯化，人类社会逐渐形成了完整的农业生产模式，并以水稻种植为核心，发展出了一系列与之相配套的农业技术和生产生活方式。比如围绕水稻收获后的加工等环节发明了诸多方法；上山人还从洞穴中走出，来到旷野定居、建筑房屋，改变了穴居的生活方式。

通过这样的多阶段过程，栽培驯化促使人类社会从早期仅仅依赖采集野生植物资源，逐步迈向了系统栽培农作物生产食物的新阶段。

从最新的研究成果来看，早在10万年前，野生水稻就已经在上山文化分布区有所分布了；大约在2.4万年前，人类开启了采集并利用野生水稻的历程，将其纳入到日常食物获取的范畴之中；而到了约1.3万年前，人类开始有意或者无意地对野生水稻进行驯化前的栽培活动；直至约1.1万年前，稻作农业出现，上山人对水稻的利用进入了一个全新的阶段。

有研究者提出，上山人当时在利用与管理水稻的同时，也在关注和利用那些同样生长在湿地环境中的其他植物，比如稗草。在众多植物之中，水稻凭借自身的一些优势逐渐脱颖而出，最终成为人类食用的主流谷物之一。

◎ 完整稻作起源

前面提到，在夹炭陶的水稻植硅体中发现了来自稻叶的植硅体，这一发现意义重大，它有力地证明了，在当时，人们已经开始采用连稻叶、稻秆一起收割的方法。而对石片石器上的植硅体和微痕进行的分析，更是进一步佐证了上述判断。

在抽样选取的上山遗址石器当中，石器的刃部普遍存在水稻植硅体。借助高倍显微镜，还能看到上山遗址出土的镰形石器、石片石器等器物的微痕上，有着禾本科植物留下的痕迹，并且存在一种禾本科植物特有的摩擦痕迹，这类痕迹被称为"镰刀光泽"。基于这些证据，我们有充分的理由认为，这些石器在当时扮演着水稻收割工具的角色。

镰形石器

镰形石器

尽管开展此项研究时所选取的样本数量相对较少，不过其研究结果已然清晰地证明了，在上山文化时期，人类就已经出现了对水稻的收割行为，这无疑表明人类对水稻的生长过程已然进行了主动干预。从微痕的相关情况来判断，当时的收割行为很可能也已经采用了掐穗的方式。

水稻植硅体还出现在遗址中出土的大量石磨盘和磨石上。通过相关实验可以得知，使用石磨盘和磨石进行脱粒操作时，其效果非常明显，确实可以高效率地脱粒，这证明这两种石器就是当时用于碾磨脱粒的工具。

在上山文化中，稻田的管理技术、水稻的收割和脱粒技术共同构成了稻作农业起源的关键证据。

考古发现显示，上山先民们为了更高效、便捷地管理水稻，将水稻田规划为独立的块状分布形式。

在水稻的收获和加工方面，上山先民已掌握了一套相对成熟的水稻收割和脱粒技术。石片石器可能作为镰刀使用，用于割断水稻茎秆；石磨盘和磨石则用于脱粒，通过摩擦或碾压使稻粒与稻秆分离。同时，陶器胎土中羼入的稻壳表明上山先民能够对稻粒进行脱壳处理。

到目前为止，我们在上山文化中已经发现了从水稻收割、加工脱壳到稻米食用、稻壳利用等一系列完整的证据链，这也是目前世界上最早、最为完整的稻作农业证据链。关于世界稻作起源地这一问题，终于在上山一锤定音，有了定论。历史在这里率先迈出了革命性的一步。从此，人类开始朝着文明和进步的方向加速前进。

◎ "远古中华第一村"
◎ 稻作社会与稻作文明

(四) 溯源万年文明

◎ "远古中华第一村"

选址智慧

上山文化主要分布在以钱塘江上游金衢盆地为中心的区域，截至目前，已经发现的遗址达24处，其年代距今10000多年至8500年左右，是长江下游地区最早的新石器时代遗址。那么，这片区域究竟有着怎样得天独厚的地理环境条件，使其能够成为世界稻作农业的重要起源地呢？

一万年前的上山，是一片生机勃勃的土地。亚热带季风海洋性气候温暖湿润，赋予了这里丰富的水热资源。钱塘江及其支流的河漫滩地区，有着良好的温湿条件，就如同为水稻种植量身打造的天然温床一般。暖湿的气候、肥沃的河流阶地等自然环境要素，共同为上山先民的定居生活以及农业起源创造了有利条件。

仔细观察上山文化遗址的分布情况，会发现存在着较为突出的共同点，那就是这些遗址基本都位于二级阶地上，并且靠近河流的支流。上山先民为何会舍近求远，选择在地势高爽的二级阶地边缘居住，而不是直接选择定居在水系两侧的平原或者河漫滩呢？

在上山先民所选址的山间河谷盆地之中，河流的作用塑造出了各异的地理环境特征。河流在孕育出冲积平原上丰饶水土的同时，也带来了水患这一潜在的隐患。那些沿着各级水系两侧分布的平原或者河漫滩，尽管土壤肥沃、水源充足，对水稻生长来说是极为适宜的环境，但无奈水患易发，一旦洪水来袭，生活在这些区域的人们将面临巨大的危险，辛苦经营的家园和农田也很可能瞬间被洪水吞没。

聪明的上山先民巧妙地顺着延伸的水系，充分利用这片区域多样的地形及其环境特征，扬长避短。二级阶地所处的高度恰到好处，既能有效防止洪水的侵袭，又方便人们前往边上宽阔的平原低地开展稻作活动。他们不仅可以在地势较高又相对平坦的位置建筑定居场所，还能从附近的支流轻松获取生活所需的水源，并且能够就近获取渔猎资源，丰富食物来源。良好的生活环境促使上山先民开始定居生活，并在这里开启人类稻作农业。

二级阶地

河流阶地是由于地壳上升、河流下切形成的阶梯状地貌。河流阶地一般可以分为数级，二级阶地是指从河流谷底向上数的第二个阶梯状地形，它高于河漫滩，通常由河流堆积物或者基岩组成。

你可以把河流流经的地方想象成一个有很多台阶的大斜坡。河水在这个斜坡上流动，它有时候会带来很多泥沙之类的东西，堆在斜坡上，于是河流两侧就有了一级一级的"台阶"。河漫滩就像是紧挨着河水、比较平的第一级台阶，也就是"一级阶地"，它是河水涨水的时候会淹到的地方。二级阶地，就是在它上面的"第二级台阶"。

二级阶地在考古学中有重要价值。由于其位置相对较高，不容易被洪水淹没，而且比较稳定，所以常常是古代人类选择居住和活动的理想场所。许多古代聚落遗址、石器制造场等都分布在二级阶地。例如，在一些早期人类遗址的发掘中，发现二级阶地的沉积物中有丰富的古代人类活动遗迹，如石器、陶器碎片、动物骨骼等，这些遗迹为研究古代人类的生活方式、经济活动和迁徙路径等提供了重要线索。

从狩猎采集到稻作农业，存在着循序渐进的发展过程。第一批开始定居的上山先民，倘若他们原本是生活在洞穴山地，那么在刚迁移过来时，势必还需要同时依靠后方的丘陵山地、周边支流以及沿河低地所蕴含的各类动植物资源来维持生计。正因如此，上山文化中年代最早的大公山、太婆山遗址，所处地形的范围都很有限，这样的好处在于各方资源都相对容易获取，尤其是这两个遗址紧挨后方山地，对于开展狩猎活动来说极为便利。相对应地，可供农作物生长的低地面积也比较狭小。由此也可以推断，在那个时候，人们对稻作的依赖程度或许还比较轻，最初更多的可能只是对野生稻资源加以利用罢了。

不过，当时温暖湿润的气候以及低地优良的水文条件，实际上已经为水稻的生长提供了十分良好的基础条件，为后续稻作农业的进一步发展埋下了伏笔。

在金衢盆地周围的山脉之中，存在着石灰岩溶洞，按照常理推测，在那个时期或许会存在季节性迁居的情况，人们可能会在不同季节往返于洞穴与其他定居点之间，然而在实际的考古工作中，却并没有发现同时期的洞穴遗址，也没有发现想象中的那种季节性迁居留下的遗存现象。这一情况充分说明了上山文化已经彻底告别了以往那种山林洞穴的生计模式，开启了完全定居的生活方式，这无疑是人类生活方式的一次重大转变。

季节性迁居

季节性迁居是一种人类的行为模式。在这种模式下，人们会根据季节的变化，在一年中的某些特定时段，从一个居住地迁移到另一个居住地。

通俗地说，"季节性迁居"就像是人群的"候鸟迁徙"。在不同的季节，自然资源的分布与可获取程度有所差异。例如，春夏时节，部分区域会有大量成熟的野菜、野果可供采集，猎物也较为丰富，适宜狩猎，而且有的土地肥沃，利于开展农业种植。然而，秋冬之际，这些区域的情况可能发生变化，气候寒冷或许导致庄稼无法种植，猎物也因环境变化而难寻踪迹。此时，人们就会迁移到其他地方，这些地方可能气候较为温暖，或者有其他可利用的食物资源，如丰富的鱼类资源或可供冬季食用的植物。气候因素也对迁居行为有影响。某些地区可能夏季酷热、冬季严寒，人们为了躲避恶劣气候，就会在夏季迁至凉爽之地，冬季则迁往温暖之所。

在对上山文化的研究过程中，鉴于周边存在石灰岩溶洞，原本推测当时的人群可能会出现季节性迁居的情况，例如夏季到溶洞避暑、冬季到溶洞避寒。但实际考古并未发现同期的洞穴遗址和相关季节性迁居的遗迹，这表明上山文化时期的人群已经摒弃了这种穴居的生活方式，开始了稳定的定居生活。

在上山文化早期遗址中,上山遗址应该算是占据了最优良开阔的位置。尽管上山遗址与后方山地的距离已经达到了5千米左右,但这个距离依然处于当时人们狩猎活动所能覆盖的范围之内,所以狩猎活动依旧能够顺利开展。周边支流两侧可供进行稻作的低地开阔且绵延不断,有着大片适宜稻作农业发展的土地。同时,它又与浦江主干道保持了一定的距离,能够有效避开洪水。上山遗址在各方面环境条件上都展现出了得天独厚的优势。或许正是得益于这些优越的条件,这里发现了最早的驯化稻作遗存,也发现了得以进一步延续并不断发展的上山中期文化。

到上山文化中期阶段,稻作生产已经得到很大程度的发展,上山先民进一步选定了衢江南岸作为新的住址,住得离山地越来越远了。对于当时的人们来说,随着稻作农业的不断发展,稻作农业所依赖的广阔冲积平原变得更为关键。毕竟,随着稻作生产规模的扩大,需要有面积足够大且肥沃的土地来种植水稻,而衢江南岸的冲积平原恰好能满足这一需求。

做出这样的选择也与当时的气候背景有着紧密的关联。上山文化所处的时期,正对应着新仙女木寒冷期(距今约12900年至11500年)结束之后全新世早期的气温上升期和波动期。在上山文化中期,也就是距今大约9000年的时候,气候发生了变化,从早期那种温暖湿热的状态转变成了相对干凉的状况。既然已经相对干凉,由此可以推测,相较于文化早期,河流主干道洪水泛滥的程度有所降低,洪水能够波及的范围也缩小了,已经不太容易对靠近二级阶地下方的低地造成危害了。如此一来,稻作农业便能够凭借这些广阔且肥沃的土地资源,获得充分的发展空间,实现更好的发展。

考古学家们在桥头遗址以及湖西遗址附近发现了全新世早期夹杂着青灰色淤泥的砂砾石层，这些砂砾石层的存在展现出了当时冲积平原的地貌景观特点。可以想象上山先民生活的时期，这片土地流水蜿蜒流淌、土壤肥沃，水土条件十分优越，尽管偶尔也会出现洪水泛滥的情况，但整体而言，这样的自然环境为水稻生长提供了极为有利的条件，除了充足的水分、良好的土壤肥力以外，还有适宜的热量等，都一应俱全。所以，这里极有可能就是当时上山先民进行稻作生产的场所，无论是上山文化早期野生稻的生长，还是中晚期水稻的驯化过程，大概率都是在这片土地上发生的。

定居证据

上山文化有中国最早的定居村落，是中国农耕村落文化的源头，还有东亚大陆最早的环壕。规律排布的房屋建筑直接证明了上山文化早在一万年前就已进入定居社会，而且已呈现为较复杂的村落形态，标志着当时新的生活模式正逐步形成。

上山先民们已具备了在旷野上居住的能力，开启了一种全新的生活模式。一万年前，上山文化的先民们在钱塘江流域陆续建起了一个个定居村落，他们修筑环壕来保障村落安全，建造房屋以供居住，用心制作各类工具，开垦农田种植水稻，同时也继续进行着狩猎采集活动，就这样一点点绘出了定居村落最初的美好图景。上山村落里升起的缕缕炊烟，不单单是生活的烟火气，更是文明诞生的信号，不仅温暖了上山先民的家园，更照亮了中华文明的未来，引领了中国乃至整个世界的稻作农业社会的初创。

从遗址遗迹来看，上山遗址在早期便出现了带沟槽基础的建筑基址，这些都是当时人们建筑活动留下的印记。到了晚期，更是发现了颇具规模且排列整齐的柱洞遗迹，柱洞直径比较大，达到0.35—0.5米，深度接近1米，可以说明当时上山先民们建筑的房屋十分高大，否则不需要那么粗的木头来支撑。柱洞遗迹的长度达到14米，间距为3米，总宽度有6米，展现出了一定的规划性。我们可以计算出它的面积，为80多平方米，与现代的小型住宅或公寓的面积相近。这种规律分布的柱洞在荷花山遗址也有发现。

上山文化沟槽式建筑遗迹

上山遗址 1 号房址考古现场

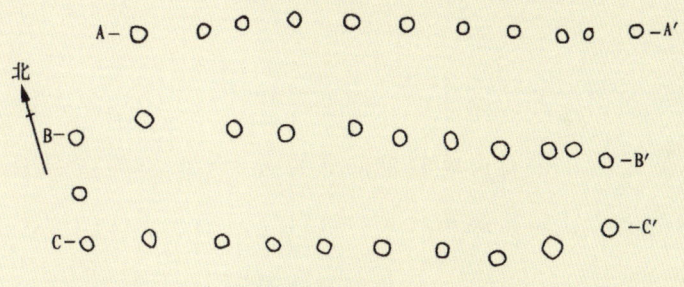

上山遗址 1 号房址平面图

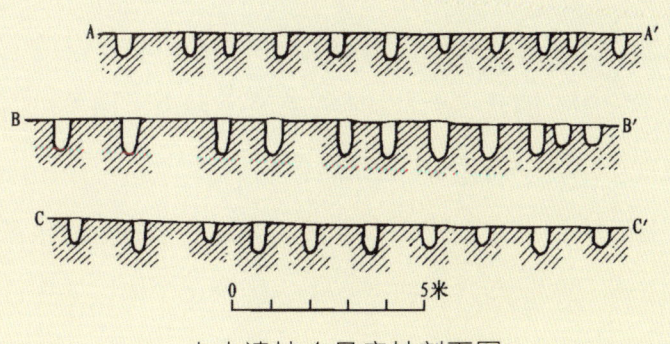

上山遗址 1 号房址剖面图

上山文化房屋复原示意图

柱洞是建筑留存的关键印记。根据这些柱洞，考古学家们推断，曾经在这个位置的建筑很有可能是地面式或者干栏式的建筑类型，可以与河姆渡遗址的干栏式建筑联系起来。这种居住模式在江南地区的新石器时代中晚期遗址中十分常见。在上山文化时期，这样的居住模式就已经基本确立了。

无论是地面式建筑还是干栏式建筑，都离不开柱子支撑，柱子插入地下便形成了柱洞。因此，大量柱洞的存在意味着上山先民们建造了诸多房屋。这足以表明人们是长期在此扎根生活的，毕竟若只是短暂停留、临时居住，人们不会耗费心力去搭建如此众多固定的建筑构造；像游牧民族逐水草而居，多采用便携帐篷，鲜少在一地留下大量柱洞。另一方面，众多柱洞也暗示了聚落的规模与稳定性，大量柱洞表明居住的人口数量可观，且长期在此安居乐业的人们，随着时间推移，在不断对房屋进行修建、翻新、扩建。

小黄山遗址 6 号房址

在上山文化的诸多遗址中，除了大量柱洞以外，灰坑等遗迹现象也频繁出现，这些其实都是长期定居生活所伴生的典型现象，从侧面印证了当时人们稳定的定居状态。

灰坑主要是先民丢弃垃圾的场所，容纳了各式各样的生活废弃物，诸如动物骨骼、破碎陶器、燃烧灰烬等。在长期定居生活中，人们每日都会产生大量生活废弃物，由于处于定居状态，人们便会在固定区域集中丢弃这些生活废弃物，日积月累，就形成了灰坑。不仅如此，灰坑还与生产活动紧密相连。在储存食物、开展手工艺制作，像制作陶器时，制作过程中产生的陶土废料、烧坏的次品等剩余材料都会被归置于一处,久而久之也化作灰坑的一部分。这充分反映出定居生活中稳定且多样的生产活动正在有序开展。

到了距今9000年前后的上山文化中期,上山文化的定居生活发展到了一个更高的水平,显著的标志是环壕的出现,上山文化遗址中发现了东亚地区迄今为止最早的环壕。而且,经过发掘和调查,小黄山、皇朝墩、下汤、湖西、园上和桥头等遗址都发现了环壕的存在。

环壕的出现有着重要意义,它意味着村落防卫措施开始出现了,其背后反映的是农业社会里人们对土地的拥有意

小黄山遗址8号房址

识，这无疑是定居社会已经形成的直接有力证据。环壕不仅能够起到围护村落的作用，还可以用来突显与拱卫重要遗迹，这一点在桥头遗址体现得尤为明显。

桥头遗址发现了"环壕—中心台地"结构的大型遗迹，遗迹东、南、北三面是人工挖掘的环壕，西面因为受河流冲刷而遭到了破坏。环壕的深度达到了3米，其截面呈现出口宽底窄的形状，上部宽度将近10米。被环壕所包围的中心台地并不完整，据推测，其完整形状大致为边长40米的近正方形。在这个中心台地之上，还发现了"柱洞"组合墓葬、红烧土堆以及"器物坑"等重要遗迹。

从整体布局来看，"环壕—中心台地"遗迹有着独特且相对规整的结构，呈现出一种经过规划的布局形态。环壕深度达到3米，上部宽度将近10米，这样的规格意味着事实上上山先民们花费了大量的人力物力去进行挖掘建造。如果只是为了简单的防御或者另外一些普通的用途，他们可能不会打造如此规模和形制的环壕，因此，这处环壕更有可能是为了营造出一种具有神圣感、庄重感的空间氛围，来契合仪式性活动对于环境的特殊要求而特意修建的。

桥头遗址环壕聚落场景

环壕内的红烧土堆积

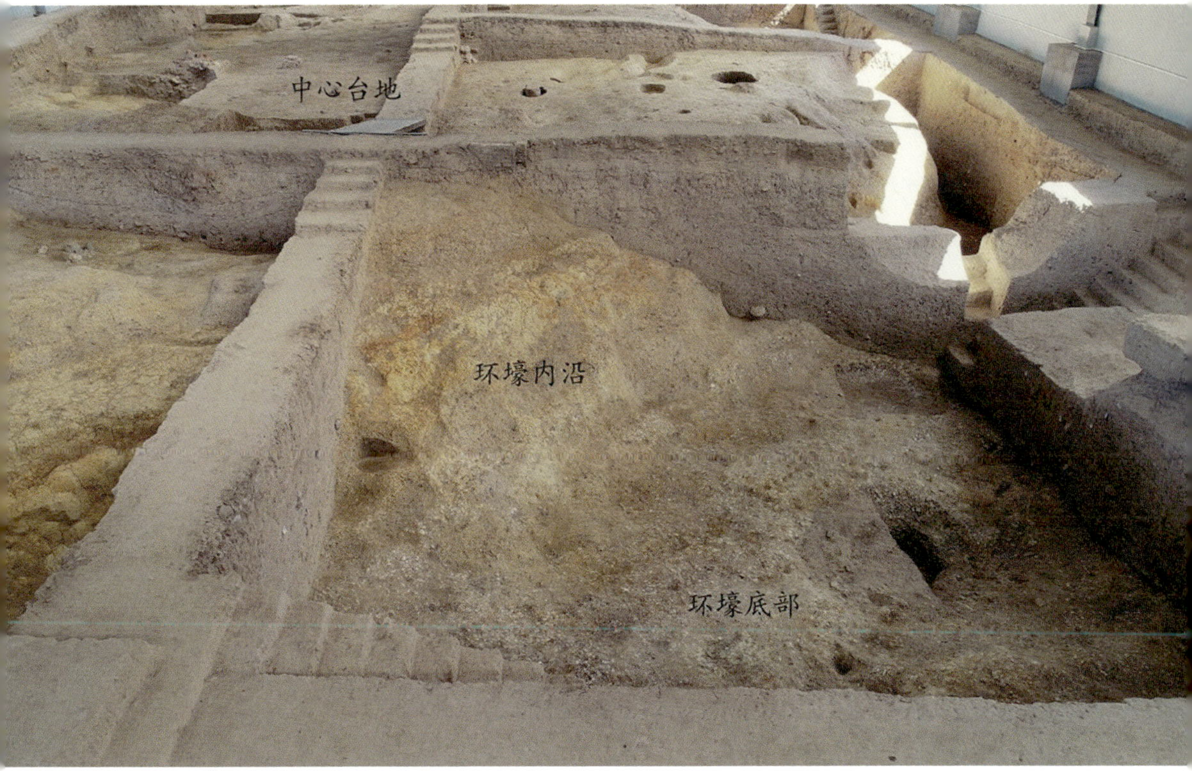

桥头遗址环壕西南转角

前面已经提到，在中心台地之上，存在着"柱洞"组合墓葬、红烧土堆以及"器物坑"等重要遗迹。"柱洞"组合墓葬的出现，说明这里安葬逝者时有着特定的安排。墓葬形式往往蕴含着当时人们的丧葬观念和信仰等信息，而丧葬仪式本身就是一种重要的仪式性活动。红烧土堆可能与祭祀等涉及用火的仪式行为存在联系，比如在很多古代祭祀仪式中会有焚烧祭品等环节，进行这些环节就会留下类似的痕迹。"器物坑"中优质、精美的陶器很可能是当时人们用于仪式活动的特殊用品，它们被放置在"器物坑"中，或是作为祭品，或是有着特殊象征意义，是仪式活动的重要物质载体。由此，我们可以根据总体特征判断，"环壕—中心台地"遗迹的性质为举行仪式性活动的专门区域。

而环壕的东边和南边是上山先民们的生活区。上山先民们的普通生活区和仪式活动区是分开的，这显示出他们已经有了明确的空间功能划分意识。不同区域的划分也暗示着当时人们的社会活动已经比较丰富，这种分区布局的形成需要一定的组织和管理能力，说明当时的聚落已经呈现出初步复杂化的态势。种种遗迹现象都为我们深入了解当时的村落布局、社会生活等方面提供了珍贵的实物依据。

"器物坑"发现

在探讨上山文化的定居特征时，"器物坑"是一个特别值得重点关注的方面。上山遗址中出现过埋藏有完整陶器的"器物坑"遗迹，但由于其形状并不规则，很难判定它就是墓葬，它也有可能属于祭祀类的遗迹。小黄山遗址中发现了一些长方形土坑，其中有成组器物埋藏，据此考古学家推测，这些土坑可能是墓葬。"器物坑"作为一种目前有待进一步深入研究的考古现象，虽然我们对它的认知还在不断完善之中，但通过现有研究初步可以判断，它与聚落定居社会有着十分密切的联系。

小黄山遗址"器物坑"

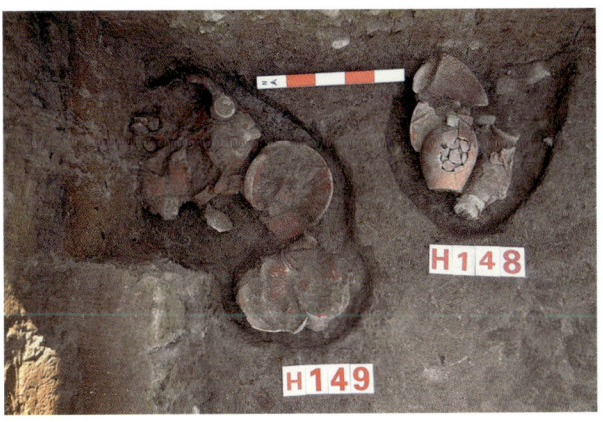

下汤遗址"器物坑"

"器物坑"有着诸多独特之处，其中一个在于坑中所发现的陶器复原率颇高，部分陶器呈现出较为完整的状态，还有些是原地破碎状，而且这些陶器制作精美，彩陶所占的比例也很高。

> ### 陶器复原率
>
> 　　陶器复原率指的是在考古发掘中，出土的破碎陶器经过修复后，能够恢复到相对完整状态的陶器数量占出土陶器总数量的比例。
>
> 　　比如说，在一处考古遗址中一共出土了100件陶器碎片，经过考古工作者仔细地拼接、修复等工作后，有60件陶器能够被修复成相对完整、可以看出原本器型和大致样貌的状态，那么这里的陶器复原率就是 $60 \div 100 \times 100\% = 60\%$。
>
> 　　它是衡量考古出土陶器保存状况以及考古修复工作成效的一个重要指标。较高的陶器复原率意味着陶器出土时本身的破碎程度相对没那么严重，或者是考古修复技术水平较高，考古修复工作开展得比较到位，能让更多的陶器以完整或接近完整的形态呈现出来，便于考古人员更好地研究陶器的造型、纹饰、工艺等诸多方面的特征，进而了解当时的制陶水平、文化风貌以及日常使用情况等。

　　从上山文化早期开始，"器物坑"就出现了。在上山遗址，大口盆等器物大多是在"器物坑"内被发现的。并且，这些"器物坑"在遗址中的分布并非杂乱无章、毫无规律可言，而是有着特定的分布规律。

例如，在上山遗址的南区，"器物坑"的发现数量相对较多，然而在北区却未曾发现。随着时间发展到中期，"器物坑"的布局变得更加规范了。以桥头遗址为例，那里的"器物坑"集中出现在"中心台地"区域。此前有研究者尝试从季节性迁居的"器物埋藏"行为角度去解释"器物坑"的这种分布情况，但经过多方面考证，这种解释并不符合实际的考古发现。实际上，从早期上山遗址"器物坑"呈现出的规律分布，再到中期桥头遗址"器物坑"在"中心台地"的集中出现，这一系列现象表明"器物坑"在上山文化中有着其内在的、一脉相承的发展逻辑。

尤为引人注目的是，桥头遗址的"器物坑"出土了大量制作精美的陶器，甚至可以说，上山文化截至目前所发现的最为重要的彩陶，全都出土于桥头遗址的"器物坑"之中。更值得关注的是，在这些陶器里面，已经确认有数量较多的酒器。酒器的存在，再加上彩陶纹饰中出现的"太阳纹"以及其他神秘图符，还有墓葬的发现，这些遗存之间相互呼应，反映出它们之间存在着紧密的相关性，仿佛在向我们喻示着当时存在着某种特定的仪式以及与之相关的信仰体系。从"器物坑"到"中心台地"这一变化过程，也体现出当时的仪式活动正逐渐朝着固定化、程式化的方向发展，这对于我们深入了解上山文化时期人们的精神世界、社会结构以及文化内涵等诸多方面，都有着极为重要的意义。

桥头遗址"器物坑"

桥头遗址 44 号墓

"浙江第一人"

上山文化桥头遗址发现了三座墓葬,其中保存相对较好的44号墓是长方形土坑竖穴墓。其葬式为侧身屈肢一次葬。"侧身屈肢"是指死者的身体姿势,即遗体被放置时侧身,四肢弯曲。"一次葬"表示死者遗体是一次性下葬的,没有经过迁葬等其他复杂过程。想象一下,死者的身体向一侧弯曲,手臂和腿部也弯曲着,就像人在睡眠时蜷缩身体的姿势,然后这样的遗体被直接放入土坑竖穴墓中进行埋葬。

土坑竖穴墓

这是一种古代墓葬形式,是在地面上向下挖掘一个竖坑作为墓室,放置死者遗体和随葬品。坑的形状一般为长方形,也有正方形或其他形状,在挖掘过程中会尽量保证坑壁垂直,结构比较简单直接。土坑竖穴墓是古代墓葬中比较常见的一种形式。

屈肢葬是一种古老且具有独特丧葬文化内涵的埋葬方式，在世界多地的考古发现中都曾出现过，关于屈肢葬蕴含的文化意义有着多种解读。"便于埋葬说"认为，早期人类在挖掘墓穴时工具相对简陋，墓穴空间有限，将死者身体屈肢后能更方便地放置在墓穴内，所以这种埋葬方式可能最初是出于实际操作的便利性考虑，后来逐渐被赋予了特定的文化含义。"灵魂观念说"认为，古人往往有着独特的灵魂观念，认为死者的灵魂需要得到妥善安置，屈肢葬可能是当时人们认为这样的姿势有助于死者灵魂的安息或者与神灵沟通等，不同的部落、群体基于自身的信仰和精神世界，赋予了屈肢葬不同的与灵魂相关的寓意。"回归母体说"认为，屈肢葬的姿势类似于胎儿在母体子宫内的形态，象征着死者回归到生命最初的状态，寓意着死亡是另一种新生，希望死者在死后能以这样的姿态回归到一种原始、安宁的状态，体现了古人对生命轮回的一种认知和期望。屈肢葬作为一种古老的丧葬形式，反映了当时特定历史时期和地域文化背景下人们的思想观念、信仰体系以及社会风俗等诸多方面的内容，为考古学家和历史学家研究古代人类社会提供了重要的线索和依据。

而且，44号墓主人的腰部位置随葬有一件红衣陶罐。这种带有特定葬仪的墓葬在遗址里出现，可不是简单的现象，它从侧面反映出当时人们已经处于一种相对稳定的定居模式之中。

之所以这么说，是因为只有在长期定居生活的情况下，人们才会形成相对固定且有一定规范的丧葬习俗，精心安排墓葬的形式、葬式以及随葬品等环节。倘若是处于不断迁徙、居无定所的生活状态，很难想象会有如此讲究的墓葬出现，所以这一墓葬的存在成为当时上山先民过上定居生活的有力佐证。

考古专家们依据桥头遗址44号墓主人的头骨特征，对上山人的样貌进行了复原推测。从复原情况来看，上山人有着卵圆形的头颅，属于中长颅类型，颅部较高，颅宽处于中等水平；面部呈现出高面的形态，面宽也是中等程度，眼眶为中低眶，额头倾斜，颌部较平，面部扁平度处于中等状况，不过鼻型暂不明确。结合这些体质特征进行整体判断，在人种划分上，上山人属于蒙古人种。复原推测让我们得以跨越时空，大致窥探到上万年前上山先民具体的样貌轮廓。

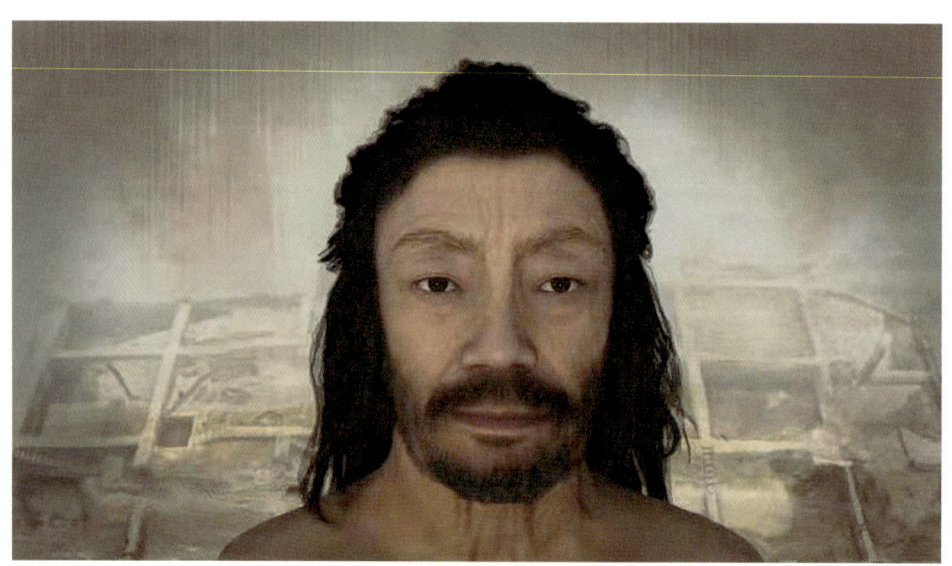

上山人头像复原示意图

◎ 稻作社会与稻作文明

探秘上山生计

民以食为天。一万年前的上山先民们依靠什么来维持生计？考古学家们针对这一问题已经展开了较为深入且细致的研究。

作为新石器时代早期的文化，上山文化在生业经济方面，延续了旧石器时代的传统，采集和狩猎活动依旧是其经济构成的重要组成部分。通过对淀粉粒、植硅体进行专业鉴定，以及对石器微痕展开分析，我们能够发现诸多线索。比如在上山遗址中，检测到了菱角、橡子、水稻的淀粉粒或植硅体，还有黍族植物、小麦族植物的植硅体，以及虎尾草、莎草、芦苇等各类植物的相关痕迹；湖西遗址同样也发现了水稻、狗尾草、马唐、野黍、夏枯草、芡实以及莎草科、蓼科等植物的相关痕迹。石磨盘、磨石上发现了橡子、菱角和薯蓣类块茎植物的淀粉粒，这一发现足以证明这些石器在当时是被用于淀粉加工的，是当时人们维持生计的一个重要工具。王佳静博士在大口盆底部的残留物中也发现了橡子的淀粉遗存。由此推测，橡子的食用在当时可能更为普遍。动物资料方面，上山遗址虽只有少量发现，但也涵盖了猪、鹿，以及啮齿类、鸟类、鱼类等不同种类，这表明当时人们仍然通过渔猎、采集等方式从自然界获取食物资源。

生业经济

生业经济是指一个社会群体或一个古代文化中,人们获取生存资料的生产和经济活动方式。它包括人们通过何种手段来获取食物、衣物、住所等生活必需品,涉及农耕、狩猎、采集、渔猎、畜牧等多种经济活动形式,以及这些活动的占比情况和活动之间的相互关系。

上山文化所处的历史时期正处于全新世大暖期,据推测,那时的气候水热组合条件和现今相差不大,温暖宜人。在这样的环境背景下,古人类一方面通过渔猎、采集手段来获取食物资源,另一方面,也开始逐渐发明农业,人类的生产方式展现出了一种新旧交替的过渡状态。

栽培水稻、食用稻米成为普遍现象后,稻米的食用方式更展现出多样化倾向。在一万年前的上山文化早期,稻米酿酒就已经出现。研究者们从上山遗址精心采集了12件陶器残片,并针对每个陶器的内表面残留物进行分析,发现了多种植物淀粉粒,其中涵盖了稻米、薏苡、稗草、百合、橡子和小麦族植物等不同种类。值得注意的是,这些淀粉颗粒里有许多都呈现出了酶水解和糊化的迹象,表明了发酵过程的存在,佐证了酿酒活动的真实性。这也是东亚最早的酒类酿造证据。

所分析的选定陶片(部分)

全新世大暖期

全新世大暖期是指全新世时期出现的一个气候温暖湿润的阶段。全新世是地质时代最新阶段,从约11700年前开始至今。在这个漫长的时期内,大暖期是其中较为突出的气候适宜阶段。一般认为它大致始于距今10000年至9000年,结束于距今4000年至3000年左右,不同地区可能有些许差异。在全新世大暖期,全球气候整体上表现为温度升高、降水增多。比如,当时中高纬度地区的气温可能比现在高出2—3℃;低纬度地区的温度变化相对较小,但降水模式也发生了改变,很多地方变得更加湿润。这种温暖湿润的气候条件对生态系统产生了深远的影响。

全新世大暖期为农业的起源和早期发展提供了极为有利的条件。温暖的气候和充足的降水适合农作物生长,使得人类开始驯化植物,并且大大加快了驯化进程。以稻作农业为例,在适宜的温度和降水条件下,野生稻的分布范围可能更广,而且其生长周期更加稳定,这有利于人类对其进行观察、栽培和驯化。上山文化所在时期正好处于全新世大暖期,气候温暖,这为稻作农业的产生和初步发展奠定了良好的环境基础。

良好的气候也促使人类聚落分布范围扩大并且更加稳定。人们不再为了寻找有适宜气候环境的居住地而频繁地迁移,可以在一个地方长期定居下来。随着农业的发展,人口也逐渐增多,聚落规模不断扩大,社会结构也开始变得复杂起来,开启了早期文明的发展历程。

研究过程中还发现了大量的真菌成分，像红曲霉菌和酵母菌细胞等，部分真菌还显示出了典型的生长发育阶段。研究者们进一步分析了红曲霉菌和酵母菌遗存在不同陶器类型中的分布情况，结果发现，小口罐中的分布数量明显要多于用作炊器的陶罐以及大口盆中的分布数量。这表明，陶器的类型与特定的功能之间存在着密切的关联，由此可以推测，小口罐在当时很可能是专门用于酿造发酵酒的容器。

为了让研究结果更具说服力，研究者们还使用稻米、红曲霉菌和酵母菌模拟传统的发酵过程，随后将模拟结果和陶器样品中的微体化石特征进行细致比对。比对结果显示，上山遗址陶器中的真菌遗存和现代发酵产生的真菌在形态方面高度一致，尤其是红曲霉菌闭囊壳和菌丝特征以及酵母菌的芽殖形态，几乎如出一辙。这种高度一致性进一步有力证实了研究者们对上山酒遗存鉴定的可靠性，让我们能够更加确信，在一万年前的上山遗址，确实已经存在着利用稻米酿酒的先进技术以及与之相配套的陶器使用方式。这些发现共同还原出了当时独特且充满智慧的生活场景，也为深入探究上山文化丰富内涵提供了扎实的依据。

在义乌桥头遗址"中心台地"出土的多件陶器中，还发现了米酒残迹。研究人员对10件陶器标本展开了针对淀粉粒、植硅体、霉菌、酵母菌细胞等残留物的全面分析，分析结果显示，其中有9件器物标本曾经被用于储存酒，这些器物分别为6件陶壶、2件陶罐以及1件陶盆。酿酒的原料也是多种多样，涵盖了水稻、薏米和块根植物等。这些器物中的淀粉粒呈现出了处于发酵过程中所特有的损伤特征，而且在残留物里包含了大量的霉菌和酵母菌细胞，部分霉菌与曲霉或根霉的形态特征相符，酵母菌大多呈现出圆形和椭圆形，还能看到芽殖状态。

从植硅体残留物来看，其中有水稻稻壳和茎叶以及其他草本植物。综合多种残留物的分析结果可以推断，桥头遗址陶器内储存的很可能是一种原始的曲酒。也就是说，上山人已经懂得利用发霉的谷物、谷壳与草本植物的茎叶，培养出有益的发酵菌群，再加入水稻、薏米和块根作物进行发酵酿造，因此桥头遗址发现的酒堪称是迄今为止发现的最早的"米酒"。而酒的出现可能与某些仪式活动有关，可能是上山先民建立社会关系、进行合作不可或缺的一部分，具有一定的社会和文化意义。

我们不难看出，稻作文化已然成为上山文化的基本特征和核心内容。稻作文化贯穿于上山文化发展的各个阶段，不仅体现了当时上山先民生产生活方式的转变，更为我们深入探究人类早期文明的发展脉络提供了关键线索。

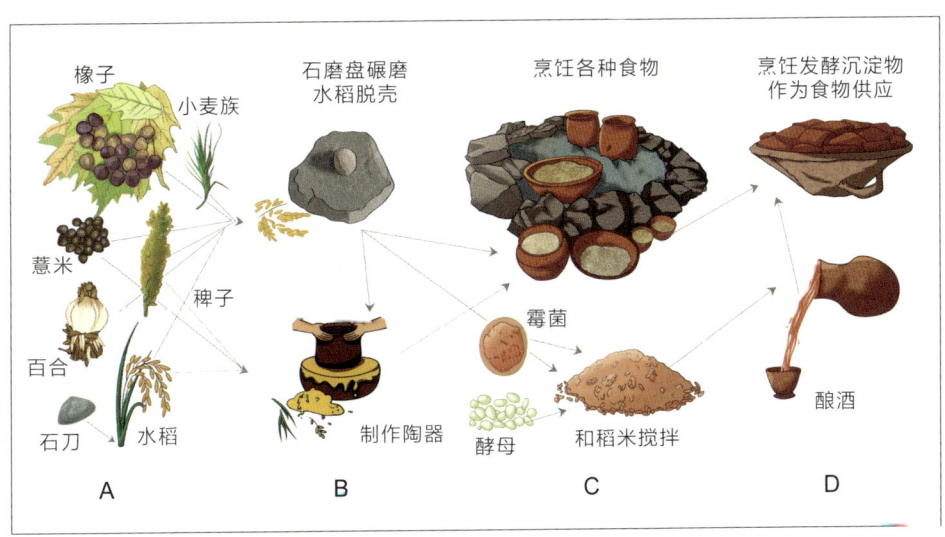

上山文化早期陶器与食物生产—消费过程的重建
(A) 植物采集：收集野生植物并收割稻谷
(B) 植物加工：用于食物和陶器羼和料
(C) 食物加工：烹饪食物和制作含霉菌、酵母和稻米的酒曲
(D) 食物消费：食用和饮用

猜想神秘彩陶图符

被称为"世界最早彩陶"的上山文化彩陶是稻作文明的关键标识，它所蕴含的丰富信息，是我们认识稻作文明初始阶段不可或缺的重要部分，是打开上山先民乃至早期人类精神世界与文明进程大门的钥匙。

上山文化彩陶上呈现出了极具特殊意义的图案，不仅有明确的太阳图案，而且还有与周易八卦相似度颇高的"卦符"。

在中华文明所独有的语境之中，这些图案堪称是最具神秘性且极具解读价值的文明符号。其中一组"卦符"，被研究者释读为易经六十四卦之一的"雷地豫卦"。从时间维度看，它的年代比史家传说中从八卦演绎出六十四卦的周文王所处的年代早将近6000年；从空间维度来讲，其所在的地域与周文王所处之地隔着黄河流域、淮河流域、长江流域等广袤的区域。如此巨大的时空差距，却出现了这样的联系，不禁让人浮想联翩，甚至会产生疑问：莫非传说中创造八卦的伏羲就是上山人？

建立了中国天文考古学体系的冯时先生在解析中华文明时，将"观天象，授农事"视为中华文明知识体系与礼仪体系形成的源头，那么上山文化中太阳纹、"卦符"的最早出现，恰恰有着深刻的内涵，它们不仅与农事活动紧密结合在了一起，更是实现了稻作文明与中华文明的有机结合。

而且，彩陶在以往很长时间里，常常被视作黄河流域文明的象征，比如著名的仰韶文化就是典型的彩陶文化。在这样既定的视角之下，我们该如何去看待上山文化的彩陶？

透过上山文化彩陶所展现出的独特图案以及其所蕴含的文化意义，

太阳纹彩陶片特写

陶壶上的"卦符"彩纹特写

上山文化太阳纹、波点连线纹、"卦符"彩纹

我们或许能够从中推想中华文化"多元一体"格局的形成过程。

> "多元"指的是中华文化在起源和发展过程中，包含了不同的地域文化、民族文化等诸多文化元素。这些文化元素在起源阶段各具特色，有着自己独特的文化表现形式，比如不同的生产方式、信仰体系、艺术形式等。
>
> "一体"表示这些不同的文化元素并不是完全孤立的，而是在发展过程中相互交流、相互影响、相互融合，逐渐形成一个有机的整体，共同构成了中华文化这个庞大的文化体系。

上山文化中出现的与八卦有关的符号，尽管与周文王时代相隔甚远，但这种文化符号的传承和演变可以看作是中华文化在时间和空间上融合的一个线索，体现了从早期不同地域文化多元存在，到各个文化与其他文化逐渐相互影响、共同构成中华文化整体的过程。

上山文化作为稻作文明早期的重要文化，与其他地域、其他时期的文化相互呼应、相互交融，共同编织起了中华文化那丰富多彩又有着内在紧密联系的宏大脉络，彰显出了中华文化在起源和发展过程中，不同区域文化各自绽放光彩却又逐渐汇聚融合的独特魅力，为我们深入理解中华文化的深厚底蕴和形成过程提供了新的视角。

解码稻作起源

随着我们对于上山文化考古证据的不断掌握,这些石器、陶器、水稻遗存以及定居遗迹等等证据,逐渐拼凑成一把完整的钥匙,即将开启一扇隐藏着上山秘密的大门;这些考古证据也如同一片片零碎的拼图碎片,被不断地拼接整合,一幅跨越万年的上山稻作文明生活的宏大画卷即将在我们眼前徐徐展开。

以上山、桥头等遗址为代表的上山文化聚落群,确凿地证明了在钱塘江附近地区生活的早期新石器时代人类,率先进入了"初级村落"的历史发展阶段。

从稻作农业起源的角度认识上山文化的聚落定居现象,具有重要意义。聚落定居在判断农业起源方面,是更为可靠且有力的依据。

在运用田野考古学去追溯稻作农业起源时,以往人们最为看重的、认为最直接的证据,就是稻遗存的发现,其次便是水稻的驯化现象了。不过,伴随着农业起源相关理论日益朝着多元化的方向发展演变,如今对于"农业起源"的分析判断也变得越来越客观、全面了。

试图确定某一个具体的"时间点",并将其明确界定为稻作或者稻作农业开始的标志性节点,这实在是一件极为困难的事。毕竟稻作农业从萌芽到逐步发展成型,本身就是一个需要长期实践、慢慢积累变化的渐进过程,并非在某个瞬间突然就完成了。同样的道理,想要找到某一个特定的遗址,然后用它来替代那个很难确定的"时间点",也是颇具挑战性的。

在这样复杂的背景下,一个具备农耕特征的"遗址"就凸显出其关键意义。这里强调的是，不能只关注少量的炭化稻米或通过显微镜才能观察到的水稻植硅体这类相对孤立的发现，而要把遗址作为一个整体去认识，只要这个具备农耕特征的遗址的年代是最早的，那么我们就能够从探寻稻作农业"源头"的角度，赋予这个遗址相应的重要意义，将其视为稻作农业起源探索中的关键一环。

"初级村落"这一概念的独特价值在于，它摆脱了以往仅仅聚焦于对水稻"栽培"和"驯化"进行简单认定的局限思维，而是把关注点拓展到了"农耕"以及与之紧密相关的"对土地的要求和管理"等多个层面，通过这样的联系，使"初级村落"与"农业起源"问题建立起了更为直接和紧密的关联。

正因如此，在2016年举办的"纪念上山文化命名十周年暨稻作农业起源国际学术研讨会"上，专家们才会把上山文化的聚落定居现象称作"初级村落"，而著名考古学泰斗严文明先生所题写的"远古中华第一村"这一题词，其实也蕴含着与之相同的深刻内涵。它们都从不同侧面彰显了上山文化在稻作农业起源以及早期人类村落发展等诸多方面所占据的重要地位，为我们进一步深入探究人类早期文明的演进历程提供了极具价值的参照和独特的切入点。

考古学泰斗严文明先生"远古中华第一村"题词

江西万年仙人洞遗址图　　　　湖南道县玉蟾岩遗址图
（供图：周广明）　　　　　　（供图：赵亚锋）

　　江西仙人洞、湖南玉蟾岩遗址，它们的年代比上山遗址更早，并且这两个遗址也都有稻遗存的发现。上山遗址不是发现最早稻遗存的遗址，何以被认定为"稻作起源"？

　　学术界曾尝试从"起源"的角度去认识一些发现了稻遗存的洞穴遗址。洞穴遗址存在一些争议，除了稻遗存比较单薄以外，最主要的不足在于，这些洞穴遗址的先民们，还生活在洞穴里，没有因为稻作农业而改变穴居的生活方式，因此这些洞穴遗址没有展现出农业起源这一革命性事件给人类生活带来的深远影响。

　　民族学的相关资料表明，存在一些原始族群，他们曾经也开始从事农业活动，但后来又退回到采集狩猎的生活方式。相比之下，稻作农业在上山开花结果。上山稻作涵盖了从栽培、收割、脱粒加工到食用的一整套系列内容，这表明当时的农耕行为已经不再是零散的、简单的操作，而是初步形成了一种崭新的农耕行为体系。

上山人走出洞穴，在新石器时代活动中心的旷野地带定居，这一行为意义重大。它象征着人类生活方式的一次重大转变，标志着一个全新的时代真正拉开了帷幕。与旧石器时代依赖洞穴的居住方式不同，在旷野定居时人们需要掌握更多的建筑技术来建造房屋，还需要对周边环境进行重新认知和利用，比如对土地的开垦、对水资源的利用等。这种转变体现了人类对自然环境的主动适应和改造能力的提升，是人类社会进步的重要体现。

上山稻作文化没有中途"夭折"，退回到采集狩猎的生活方式，而是持续发展，呈现出稳定进步的态势，并且随着自身的发展向外传播。这种文化的延续性和进步性，使得稻作文化能够在更广泛的区域产生影响。在后续的其他文化遗址中，比如长江中下游的许多区域，包括更靠北的江淮地区的一批旷野遗址中，开始出现了和上山文化类似的迹象，我们能从中看到上山文化的"影子"。

上山文化所在的钱塘江上游河谷盆地区，是目前所发现的稻作农业起源地中最值得我们高度关注的区域。在后续的发展进程中，这一地区的稻作农业的延续情况最为稳定，并且在此基础上孕育出了更为高级的文明形态。在时间的长河中，继上山文化之后，距今8000年的

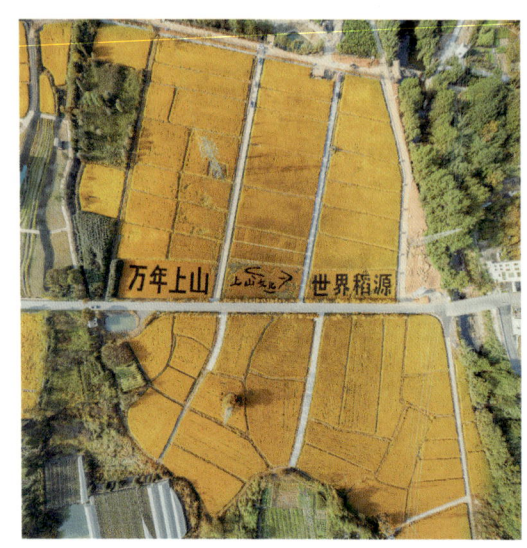

上山遗址水稻丰收

上山考古遗址公园外景

跨湖桥文化、距今7000年的河姆渡文化相继出现，它们都展现出了以农耕为显著特征的农业文明。这些文化不断演变发展，又衍生出了距今6000年的马家浜文化和距今5000年的良渚文化。这一系列文化的传承和繁荣，很大程度上得益于上山文化对区域内文化的深远影响。

因此，我们说上山文化是人类迈向稻作文明的第一个坚实脚印。这是通过考古发掘得到的实证，是遗址遗存所揭示出来的客观事实。

上山文化所带来的高起点的文化势能，简单地说，就是上山文化凭借其在稻作农业、定居生活、精神文化等多领域的早期优势成果，所形成的一种能为后续文化发展提供强大助力、引领后续文化不断迈向更高水平的潜在力量，为后续文化的发展奠定了坚实的基础，提供了强大的动力。

一粒小小的炭化稻米，承载着上山人的智慧和厚重的历史，诉说着人类从茹毛饮血迈向刀耕火种的第一次勇敢尝试；记录着人类从洞穴走出，迈向旷野的第一个蹒跚步伐；也展现着人类从蒙昧无知走向文明开化，点亮的第一缕希望之光。

水稻的种植与发展，不仅为当时的人们提供了稳定的食物来源，支撑着人口的繁衍与社会的发展，更在此基础上，催生出了与之相关的一系列文化形态，如农耕技术、仪式活动、生活方式等。这些文化元素相互交融，构成了早期文明的雏形。

上山文化的意义不止于此，它不仅是世界稻作农业当之无愧的起源地，更是中华文明形成过程中的关键起点。中国以黄河、长江这两大母亲河为摇篮，孕育了璀璨的文明。自距今约一万年的时候起，中国大地便逐渐形成了"南稻北粟"这样独特的二元农业结构体系，也就是南方的稻作农业和北方的粟作农业。

南方的稻作文明与北方的粟作文明，就像中华文明这棵参天大树的两条粗壮根系，上山文化作为世界稻作农业的重要起源地，无疑是这棵大树根系的重要起始点，在长达万年的历史长河中，影响着中华文明的发展脉络与走向。因此，上山文化是中华文明的万年奠基，它承载着中华文明起源与发展的重要使命，在中华民族的历史进程中具有不可替代的重要地位。

上山文化万年水稻起源、发展的证据，是对世界农业起源认识的一次重要修订。直至今日，全球仍有超过三分之一的人口将水稻作为主食。这一庞大的人口比例，充分展示了水稻在人类饮食结构中的关键地位，也彰显了上山文化所蕴含的巨大历史价值与强大生命力。